Oscar narr

Mario
Tobino

Tre amici

Prefazione
di Giuseppe Amoroso

Arnoldo
Mondadori
Editore

I edizione Scrittori italiani e stranieri 1988
I edizione Oscar narrativa novembre 1991

ISBN 88-04-35436-4

Questo volume è stato stampato
presso Arnoldo Mondadori Editore S.p.A.
Stabilimento Nuova Stampa Mondadori - Cles (TN)
Stampato in Italia - Printed in Italy

Prefazione

Amici, ma senza confessare apertamente di esserlo ("Quel che era infisso nel cuore non doveva trasparire"), i tre personaggi del nuovo romanzo di Mario Tobino attraversano, con l'"immaginazione di un diverso mondo futuro", gli anni che precedono la seconda guerra mondiale, si sentono, come altri di fronte al fascismo, immersi nella solitudine (come "un corpo che scende nell'acqua"), privi di ogni speranza, con intorno il ronzio di un'"alveare che assomiglia alla maledizione", incrociano nella protesta i loro destini che la guerra divide e ricompone nel tragico finale: l'impiccagione di uno del sodalizio, Mario Campi, per opera dei tedeschi, mentre i due superstiti, il narratore e Aldo Turri, vivono la delusione storica del dopoguerra e vedono cadere tutti gli ideali per i quali si sono battuti, constatando che « il mondo non cambia, gli uomini sono quelli stessi tante volte soppesati dal Machiavelli, implacabili le leggi della politica, del potere, del comando ».

Scritto con mano leggera (forse volta a sottolineare quando indulge a qualche crudezza nel riprendere alcune scene più realistiche: ma l'approdo è un "cielo immobile e azzurro sopra tutti e tutto"), in una prosa duttile, che cerca nelle pieghe delle psicologie, va incontro alla concretezza ma non la soffoca con il peso di troppi particolari, *Tre amici* si muove in quella rievocazione di piccole storie personali e di ambienti, di struggenti microcosmi e di vicende nazionali che si è imposta come una delle direttrici più resistenti dell'opera di Tobino. Una narrativa tentata dall'esercizio della pagina elegante, raffinata, assorta in una assidua ma non assillante meditazione, volta a costruire ritratti a tutto tondo, avventure cariche di tensione, azioni ampie, snodi, secondo una protratta misura di racconto lineare, pur nei suoi frequenti salti di tempo e nelle diversificazioni dei piani.

La preoccupazione di narrare con regolarità, seguendo, senza turbarli, i processi naturali delle trame, detta allo scrittore una serie di interventi sul testo, l'avvertimento di una correzione di rotta che l'autobiografico personaggio centrale fa sua: « Sì, lo so, lo so. In questo momento prevengo, dico prima del tempo, racconto di un fatto non ancora preparato, ma così mi viene, sto rivivendo la vita con i miei amici, Turri e Campi, ubbidisco a ciò che il cuore mi comanda ». Altrove è l'ammissione di essere stato indotto a mutare l'ordine della narrazione a causa del comportamento di un personaggio.

Ben presto però il narratore riprende decisamente il filo, si effonde in un'analitica descrizione degli stati d'animo, pone grande attenzione alle notizie della cronaca, ricostruisce – con pazienza e pure con folgorante scatto – l'atmosfera politica e culturale del tempo, il grigiore di giorni senza avvenire, nei quali i giovani protagonisti, freschi laureati in medicina, dipanano il "gomitolo" della speranza ed entrano nella vita. Si snodano le città (ecco le prime case di Bologna, "tinte di giallo" e i portici con l'ora del passeggio ad aprire la rassegna delle vedute), mutano gli sfondi, i paesaggi – dall'Emilia, con il suo cielo "spesso pacato" e dalla Toscana al fronte della Libia e dell'Albania –, si affollano i personaggi: tra i molti visi in rapido transito, singolare quello del filosofo Galvano degli Albizzi il cui marxismo, a un certo punto di una "commediola" tra amici, sembra "*rotolare* sotto le sedie" ». E, intanto, la storia continua la sua marcia incurante dei sentimenti degli uomini, e i mesi "battono uno dopo l'altro, nessuno li arresta, e neppure gli avvenimenti".

Il racconto filtra nel diario dell'io narrante, che tutto domina con un senso di distacco, tenendo in mano la "bacchetta", e si va a depositare su un tranquillo corso di scorrimento, svelto, disinvolto, accarezzato da un velo di nostalgia, qua e là un po' distratto da puntate polemiche che non si saldano del tutto con l'intonazione intimistica e l'accorato rammemorare. Assediato dal vuoto, l'io si difende con la scrittura e con l'attività di studioso di malattie mentali, si sorprende a piangere sconfortato in una notte di pioggia, ricorda le "nascoste candide venature" dell'animo di Campi, pronto a svelare i sentimenti del popolo "con parole canticchiate", ritrova la "dedizione a mirare le cose del mondo" di Turri, l'intellettuale destinato a compiere, nella lotta clandestina, gesta leggendarie.

Un ricamo riflessivo, talora anche scattante e capace di incidere e di imprigionare le circostanze, si pone sui fatti, li distanzia, li mette a fuoco, torna sovente ad alimentare se stesso, i propri strumenti di dominio sulla materia ribollente e confusa, sulla "misteriosa natura umana". La pagina viaggia tra referto e giudizio, musicale nostalgia e bollettino impietoso; e più si introduce nel vivo della stagione disperata della guerra civile ("non guerra tra popoli, tra eserciti, ma tra quelli dello stesso municipio, con la stessa lingua, dialetto, nati dentro le stesse mura, insieme cresciuti"), più si frantuma in un resocontismo carico di dettagli buttati giù come appunti, rari e preziosi, ma anche fuggenti, incalzati da altri nuovi e dal commento effuso: «Non stendo un elenco, non mi comanda una trama. Lascio che la penna getti sulla carta, la memoria ubbidisca a se stessa». In questi luoghi Tobino si discosta dal cristallino gioco di invenzione cantante del *Perduto amore*, rispecchia ora modi più logici, tende a verificare tutto attraverso dimostrazioni che distende in una sintassi narrativa animata da brevi impulsi, rapide cesure, lievi presenze e ritorni di figure e di intrecci.

Ne scaturisce una segmentazione che vuole essere paradigmatica del via vai delle memorie, non riuscendo tuttavia a sfuggire a una vernice descrittiva se non negli istanti in cui il fermento di idee e passioni, il convulso premere degli eventi si consegnano alla infinita possibilità di riscatto nella voce partecipe dell'io, di volta in volta lucida, interrogante, immalinconita ("Così è il mondo, tra gli uomini vi sono degli abissi che è impossibile colmare, lo proibiscono le leggi dell'universo"), obliosa, disposta a cogliere la "gaia sorpresa della vita" e al tempo stesso coraggiosa nel registrare i più disumani episodi di violenza o nel guardare dentro di sé, in un raccolto ricordo d'amore ("avevo incontrato una donna, si chiamava Giovanna, mi si confaceva, diciamo di corsa la parola amore, con tutti i diavoli che le si accompagnano") e nell'intimo della coscienza, ove vive un "venticello segreto di indipendenza" che progressivamente determina l'allontanamento dal comunismo ("ogni giorno mi avvedevo, constatavo che il partito comunista italiano per nulla era l'immagine, il ritratto dei nostri accesi e giovanili ideali").

Raramente si vede il paesaggio. Come respinto dalla tragedia collettiva, se ne sta in disparte, in un fondale anonimo dal quale invia alcune luci: la simpatia alla vita “della folla che sciama per le vie”, una bella piazza di Firenze, la campagna romagnola, la calda luce che preme su ogni sasso di un cimitero, il celeste del mare e le “immobili” montagne della Versilia, le casette e i casolari delle Apuane.

Dalla Resistenza, stagione in cui i protagonisti avevano la “testa piena di stelle”, agli anni seguenti, con i personaggi della scena nazionale (ecco un mosso ritratto di Togliatti: « parlava ai lucchesi come un predicatore, dal pulpito, con calma, un'eco solenne »), i grandi sconforti, i disinganni dell'ideologia politica, gli “iscritti trasformati in macchinette, automi”, la fantasia bandita, “odiato il genio dell'uomo”, il narratore si trova in situazioni sempre più difficili, complesse, spia negli anfratti e nei maneggi del partito, porta a galla ormai lontani spezzoni di vicende della vita pubblica, i retaggi di una “storia fitta di diffidenze, calcoli, paure”, e intanto si ingolfa nuovamente nel “tunnel” della solitudine, si annoia “alle ritorte demagogie, ai retorici aggettivi”, coltiva ancora i suoi inviolabili spazi segreti, lembi di un passato fervido dal quale l'amico Campi si leva e continua a vivere, a “ripetere le sue paure che ora volavano arcane, vaticini, lui, uno dei greci che dalle viscere o da chissà che indovinava il futuro”. E si sgranano fatti e fatterelli e questioni di fronte a cui la “penna si secca”: Turri, dimessosi dal partito (“Gli era successo quello che era accaduto a me, giorno dopo giorno, ora dopo ora. E lui aveva dati veramente sicuri, era a contatto con i capi, indovinava ogni loro proposito, ogni loro verità”), riemerge come medico, una qualsiasi persona lontanissima dalla prima ("Sapevo che era dedito al lavoro in modo straordinario, ricercato da tutti...") e scende nell'anonimato "perché il dovere degli eroi è quello di morire"; l'io, dal canto suo, dopo la scomparsa dell'amico, rimane custode solitario di una fiamma che va spegnendosi.

Giuseppe Amoroso

Tre amici

Se mi riesce, vi canto
se no, perdonatemi.

Eravamo tre amici

Non ci dicemmo mai che eravamo amici. Figuriamoci il Campi se pronunciava la parola amicizia! Vi avrebbe potuto scorgere una svenevolezza.

Ecco come trattava sua madre, la Sandrina. La chiamava con un urlo, la mattina appena alzato, di sopra le scale, sbatteva poi la porta, e ciò per impedire a se stesso che l'affetto gli traboccasse e forse si tramutasse in piagnucolamento.

Anch'io e Turri mai pronunciammo: siamo amici. Ci chiamavamo con i nostri nomi, ecco tutto. Quel che era infisso nel cuore non doveva trasparire.

Quando Turri, venuta la Liberazione, penetrò nella mia stanzetta dell'ospedale di Lucca, le prime parole che disse furono:

«Il Campi è morto. Per più di un mese l'ha torturato il tenente Karl. È stato impiccato nel Bosco delle Castagne, presso Belluno. Tu che hai fatto?»

Insolitamente disse queste parole con voce tesa, quasi non a me ma verso il cielo, come il Campi fosse lì sopra, davanti a noi, insieme con noi. Subito si parlò d'altro e cioè mi disse della sua vita a Bologna in quegli ultimi mesi; recente era il sangue, non era possibile con facilità allontanarlo. Per di più Turri quel dopopranzo era accompagnato da tre suoi fedeli soldati, partigiani, della Settima Gap, che insieme con lui avevano combattuto.

Ora, mentre scrivo, trascorsi più di quaranta anni, mi pare eccezionale la nostra amicizia, incapace io a descriverla, noi tre, che non ci siamo comunicato mai nessun sentimento, mai un'effusione. Ne ho capito la forza soltanto al cimitero di Bologna, Turri nella cassa da morto, lì rinchiuso; e poi sparì nel loculo. Ho avvertito che ero rimasto solo, con lui era morto anche il Campi. Finché era vivo Turri, insieme mantenevamo vivo anche Campi, lo conservavamo con le sue paure, le fughe di immagini, le decise aggressioni, la sua estrema tenerezza.

Ora sono rimasto solo. Non mi rimane che ricordarli, tentare qualche loro tratto, inseguire a lampi, affacciarmi sopra le loro ombre, sperando che la storia risorga, il paesaggio si illumini, non siano considerati crimini le azioni di guerra di Aldo Turri.

Anche con te parlerò all'improvviso, Campi. Ora ti vedo in quella casa di Belluno quando la notte bussarono alla tua stanza, furore di visioni avesti, tutte già da te con esattezza preparate. Era proprio la questura, la polizia, quelli che tante volte avevi presagito, coloro che *ti avrebbero legato*. Noi, sciocchi, a quel tempo ridevamo di te, un poco ti si beffeggiava per queste tue paure, le consideravamo vaneggiamenti, invece tu annunciavi il futuro.

Sono qui a parlare con te, Campi. Tornami davanti. Insieme chiamiamo Turri, anche lui se ne è andato. Mi avete lasciato solo. Tornate. Io ancora respiro.

Un giovane durante il fascismo

Il fascismo, fu anche lui che ci legò.

Durante la dittatura un giovane nato con la disposizione a sorvegliare ciò che intorno gli nasce, desideroso di comunicare con le altre anime, collaborare a qualcosa di bello, era invece costretto ad ascoltare a capo basso le solite frasi, cariche di monotonia, di insulsaggine.

E allora, piano piano, come un corpo che scende nell'acqua, si sentiva sempre più fasciato, immerso nella solitudine.

Poteva accadere, se viveva in una grande città, cercando con coraggio, che riuscisse a raggiungere qualcuno, uno più anziano, una persona cauta, seminascosta e purtuttavia uomo libero, di qualsiasi tendenza politica egli fosse. Poteva accadere riuscisse a conoscerlo, confidarsi con lui, e allora gli arrivava un raggio di vita.

Poteva darsi questa fortuna in una grande città, ma se questo giovane viveva in una delle tante cittadine e paesi che pullulano in Italia era ineluttabilmente solo e in certi giorni, che più la sua condizione lo sovrastava, allora si sentiva un malnato, orbo di ogni speranza.

Sì, sì, naturale, sentirsi malinconico e solo, può accadere anche a un giovane che respira in una nazione libera. Così è la gioventù, sensibile età.

Ma colui che è nato e cresciuto sotto una dittatura e

possiede le qualità di pesare il bello e il brutto, immaginare il futuro, allora costui ha una speciale malinconia, uno speciale senso di essere solo, dipendente dalle sue circostanze politiche, e gli ronza intorno un alveare che assomiglia alla maledizione.

Io ero nato a Viareggio, a quel tempo paese di nemmeno ventimila anime.

Al fiorire dell'adolescenza mi accorsi che c'erano i fascisti e sempre più distinsi quali erano i figuri, i neri, sinonimi di prepotenza, loro piacere umiliare i poveri, colpire ancora di più i vinti, picchiarli qualche volta di notte, nelle loro case, presenti la moglie e i figli.

Erano odiatori di ogni libertà, dalla natura disposti a servire il tiranno.

Questi soggetti non erano molti e ognuno aveva una diversa sfumatura.

C'era poi il gran numero di profittatori, falsi, furbi, che per la carriera, un guadagno, erano pronti a ogni bassezza.

La moltitudine era composta da cittadini inerti, scialbi, anonimi, rintanati nel formale ordine fascista, tra i quali, sorprendenti gemme, spiccavano gli ingenui, i patriottici che sognavano una grande Italia. E c'era infine un altro stuolo, quelli che si beavano delle cerimonie, delle bandiere, dei gagliardetti, delle sfilate, le assaporavano come bambini le caramelle.

Tra le pareti domestiche spesso il padre avveduto si limitava nel parlare, non osava del tutto esser sincero, manifestare la profonda opinione, altrimenti il figlio, educato alla scuola fascista, poteva ingenuamente riferire i giudizi del padre ed esporlo a una punizione.

È facile qui ricordare che esistevano purtuttavia anche sotto il fascismo le eterne leggi. Un giovane – anche se consapevole della cappa della dittatura – si innamorava di una ragazza, oppure tutto dimenticava davanti allo spettacolo della natura e invece in un altro giorno era chissà perché ebbro di allegria e in un'altra giornata eccolo mentre si culla in sogni di gloria.

Si sa, esistono delle tregue, delle pause.

Epperò, presto, prima o poi, quel giovane di cui parlo eccolo riabbracciato dal suo veritiero tema, alla sua condizione, che era servo, proibito a lui collaborare, partecipare a ciò che è degno nel mondo.

Mai uno schiavo può avere le mosse di un uomo.

Debbo legittimare almeno con un esempio.

Vivevo dunque in Toscana che è stata sì una terra di talenti, di uomini eccezionali, ma quanto anche in essa alligna la cattiveria, la piccola ferocia, il contrario della generosità, quanto sono avversi al fraterno, alla umana comprensione, al semplice coraggio, una terra dove lo scettico sorriso, la meschina stizza, l'incapacità a commuoversi, la voluttà per la critica, serpeggiano per ogni via e penetrano dentro ogni casa.

Mi ero iscritto a medicina, a Pisa, a quella università, e, come gli altri studenti, avevo preso a frequentare le lezioni, col treno andavo su e giù: Viareggio-Pisa.

Tale in Pisa era lo stagno, la lenta nuvolaglia che se si presentava una lucciola succedeva di trovarsi come davanti ai fuochi di artificio per la festa del santo patrono.

Col Vela successe proprio così. Tutti ci inchinavamo alle lezioni di anatomia, un professore quanto mai fanatico di pedanteria.

Quella mattina anch'io sedevo nell'anfiteatro in attesa che il professore in cappa bianca si presentasse, poggiasse lentamente i gomiti sulla sua cattedra, quando mi accorsi di uno studente, nel giro sotto di me, che leggeva "Il Selvaggio". Dubitai dei miei occhi.

Quel foglio, quel periodico, che avevo scoperto per caso, e al quale io stesso avevo cominciato a collaborare, portava a fianco del titolo: *Quindicinale degli squadristi di Colle*, ma in verità il giornale era tutt'altro, ben differente da tutti quelli che erano in giro. Nel "Selvaggio" si parlava in italiano, senza retorica, vi era attenzione per la vera letteratura. Fu qui che per la prima volta vidi le acqueforti di Morandi, i quadri di De Pisis, di Carrà, quanto c'era di schietto in quel momento in Italia, un foglio di fronda o comunque un invito alla dirittura, alla speranza.

Scesi di un piano, di un giro di sedie, e mi accomodai vicino a lui, a Vela, livornese, che conoscevo solo di sfuggita, mai più avevo immaginato comprasse "Il Selvaggio", lo conoscesse.

Lo toccai sulla spalla. Ci si intese immediatamente. Anche lui ricercava qualcosa, qualcuno, per comunicare, alimentare la sua anima.

Il professore di anatomia tardò ancora alcuni minuti; questi bastarono. C'eravamo scoperti, ci scambiammo parole e un sorriso. Un giovane d'oggi non può immaginare, o difficilmente, che felicità.

Con impazienza assistemmo a tutta la lezione di anatomia. Si uscì, si andò a mangiare insieme; rimanemmo a tu per tu per tutto il dopopranzo.

Era un pomeriggio di sole; luce anche dentro di noi. Oggi può parere incredibile.

A quel tempo il livornese Vela era un liberale puro, aveva al liceo scoperto Croce e gli era fedelissimo, anche nel giornaliero comportamento. Per caso, passeggiando per Pisa, e intanto confessandoci i tanti particolari del nostro essere contro il fascismo, per caso passammo nelle vicinanze di una casa di tolleranza e io rapidamente, come per brevissima pausa e poi di più ingolfarci nei nostri temi, gliela indicai con aggiunta di un commento su una certa, in quella quindicina, interessante ospite.

Il Vela pacatamente mi avvertì che lui non frequentava quelle case; il meretricio, pagare la prostituzione era favorirla, contro la sua morale, si sarebbe vergognato di usare i soldi per sottoporre una donna, un essere umano.

Trascurai la quistione, in quel momento mi premeva il nostro galoppo.

Ci salutammo alla stazione, promettendo di rivederci.

Consapevole di quel fortunato incontro lui montò sul treno per Livorno e io, ugualmente consapevole, montai sul convoglio per Viareggio e durante il viaggio rivissi tutte le nostre parole, pensieri e sentimenti, le speranze non confessate.

Quasi certo anche Vela, nel suo tratto Pisa-Livorno, fece come me.

Tale durante il fascismo era il silenzio, la solitudine, che opprimevano quei pochi giovani capaci di attenzione e cioè disposti all'amore.

«Sì» fronteggiò Turri

Non ne potevo più dell'inerzia che aleggiava nell'università di Pisa, e domandai aiuto a mio padre, se mi permetteva il trasferimento a Bologna, anche se le spese sarebbero state maggiori.

Mio padre, gliene sono sempre stato grato, mi rispose di sì.

«Penso che studierò di più.»

Partii una mattina presto, era ottobre. Fantasticai durante il viaggio, dal finestrino del treno tutto mi appariva nuovo e bello. Quando ebbi davanti le prime case di Bologna tinte di quel giallo che tendeva al rosso, mi sentii un uomo fortunato, e dentro di me di nuovo ringraziai mio padre.

Quale differenza dalla Toscana. Che garbata ospitalità! Mi ero messo a cercare una camera, una agenzia mi aveva dato l'elenco. Ogni porta che si apriva aveva dietro una donna che sorrideva, benevola, quasi protettrice del giovane forestiero. Anche si divertivano – lo seppi dopo – a sentir parlare toscano. Quella limpidezza di suoni, quella facilità di parola era in contrasto col loro dialetto così aggrumato.

Trovai la stanza e cominciai a camminare sotto quei portici che accompagnano e proteggono gli abitanti per tutta la città. Ogni donna mi sembrava una madonna.

Cominciai a frequentare le lezioni di medicina e ad osservare gli altri studenti.

Una mattina distinsi Turri e Campi. Erano seduti poco distanti da me.

C'era stata, verso il fondo dell'aula, la gradassata di uno studente; aveva all'occhiello della giacca due distintivi, oltre quello del Partito Fascista ne aveva in mostra un altro. Alcuni studenti vicino a lui parevano assentire, altri invece muti, ma senza mostrare avversione.

Notai il viso del Campi, cupo, in ira, nemico di quel gradasso. Anche il volto di Turri diceva no, con decisione.

Il gerarchetto – infatti era tale – si mise a un tratto a inneggiare al Regime, e con sfida, quasi sapesse che c'erano in quell'aula degli studenti contrari al fascismo.

Distinsi la mano di Turri che strinse l'avambraccio del Campi come a indurlo alla calma.

Subito dopo tutto si sciolse; era entrato il professore per la lezione.

Tenni ancora d'occhio Turri e Campi, all'occhiello non avevano alcun distintivo.

Nei giorni seguenti carpii un altro piccolo episodio. Era entrato in aula uno studente, aveva nel volto un velo di malinconia, anche lui privo di distintivo fascista. Poi seppi che era figlio di un perseguitato politico, suo padre era in prigione. Il Campi gli fece cenno, lo chiamò con particolare affettuosità. Lo studente si avvicinò, si misero a parlare in quel dialetto così agglutinato che è il romagnolo.

Volle il caso che in quel momento proprio il gerarchetto di quel giorno precedente passò vicino, scese la scaletta dell'anfiteatro per arrivare presso la cattedra.

Chiaramente afferrai che di nuovo Turri e Campi, e anche il loro amico, lo seguirono con lo sguardo, muti, l'espressione di disprezzo, forse anche di odio.

Insomma mi era parso di capire che Turri e Campi erano come me, contro il fascismo.

Turri e Campi poi mi confessarono che mi avevano notato: «Te ne stavi solo, accigliato».

La conoscenza diretta avvenne alla fine di un dopopranzo, la sera incombeva.

La camera che avevo preso in affitto era in via Zamboni, quasi in centro.

Si avvicinava l'ora del passeggio, che si svolgeva sotto i portici del Pavaglione. Vi si incontravano le più belle ragazze di Bologna, pronte a sorridere con sottile malizia a chi le ammirava.

Il portico correva lungo il fianco di San Petronio, la più bella e antica chiesa di Bologna, e sfociava nella linda piazzetta Galvani. Sotto il portico le vetrine dei negozi sfavillavano.

Appunto ero sceso in strada per arrivare in tempo al passeggio e necessariamente passai davanti al caffè delle Due Torri, solito ad essere frequentato da studenti universitari.

Di lì vidi uscire proprio Turri e Campi. Si avviarono per via Rizzoli, erano distanti da me quattro o cinque metri. Tenni loro dietro, adattandomi a quel passo.

Via Rizzoli si diparte dalle Due Torri e presto arriva davanti al Palazzo di Re Enzo, che subito dopo ha, in uno slargo, il Nettuno nudo, statua di un gigante, armato di tridente, ai suoi piedi tra gli zampilli della fontana putti e delfini, sirenette che si spremono i seni.

Turri e Campi si soffermarono per decidere qualcosa e allora mi trovai loro accosto.

Alzai un poco il braccio, stesi il dito, non mi ero in nulla preparato.

Fissai Turri, che mi era il più vicino e dissi:

«Voi siete come me.»

«Sì» fronteggiò Turri; appena dopo uno, due secondi di riflessione. Aveva ben capito che si trattava del fascismo.

«Sì» ripeté e accompagnò quel secondo *sì* con un dolce sorriso.

Gli stesi la mano: «Mi chiamo Ottaviani».

«Io Turri. Questo è... il Campi, Mario Campi.»

Campi si era a mezzo voltato, il viso ombroso, in corruccio. Era la prima volta che assistevo ai moti della sua natura.

Intervenne Turri: «Campi!» esclamò con una certa imposizione. Era un richiamo.

Campi allora si rivolse a me, anche lui stese la mano, il volto però ancora serpeggiante di interrogazioni.

Ancora mi risuonava il *sì* di Turri. Come era stato sereno, coraggioso, in pochi attimi aveva misurato le circostanze e dato la risposta. In quella piccola, piccolissima vicenda, che mi aveva fatto felice, c'era già in embrione l'uomo delle future decisioni, l'eroe di una guerra civile. Quel sorridente *sì* di Turri quanto era in armonia col Nettuno lì davanti, il tridente in mano, che il Giambologna un giorno aveva modellato!

Cominciammo vagamente impacciati. Io mi misi all'attacco, dissi che ero contro il fascismo, mi rivolsi solo a Turri.

Lui, divenuto serissimo, come aiutato da una illuminazione, disse:

«Sì, anche noi» ripeté.

«Dove andavate?»

«Alla rosticceria di via Ugo Bassi, da Silvio. Stasera è festa, ho ricevuto soldi da casa. Vieni anche te.»

«Sì. Grazie.»

La rosticceria era a pochi passi, non c'ero mai stato. Il pavimento era coperto da un tavolato, nella cucina rosseggiava la brace; le tovaglie erano di bucato e pesanti.

«Sei toscano, si sente.»

«Di Viareggio.»

La simpatia che sentivo nascere verso di me dipendeva anche dai miei estri verbali che avevo preso a sciorinare.

Il Turri era un robusto mangiatore e così Campi, e si misero all'opera.

Il Campi si stava distendendo. L'avere Turri risposto così chiaramente: «Sì» gli aveva prodotto, come al solito, vaporazioni, fumi di sospetti, ombrose paure, timore di tranelli. La fantasia o meglio la disposizione della sua complessa natura molto spesso, sempre, lo trascinava di colpo nell'ebollizione e poi, con un profondo sospiro di liberazione, si riprendeva, tornava ad essere normale.

Che pericolo aveva generato Turri a rispondere *sì* a uno studente come loro? E poi, se stavano rintanati, istrici, senza comunicare, creare affiliati, che politici erano? politici che non preparavano nulla, inerti e cioè inutili.

Ma il Campi era così fatto, in certi momenti i sospetti gli abbuiavano la ragione.

Quante volte in seguito, ormai con me in completa confidenza, fiducia, mi annunciò con tutta convinzione: «Ci legano! mi legano!». E tutte le sue frasi su la polizia fascista che si sarebbe divertita a lungamente frustarlo. Quante volte! E noi gli si rideva in faccia e dietro le spalle; la smettesse infine di essere preda di quei terrificanti fantasmi.

Oggi, passati tanti anni, contemplo la sua storia e, come non posso vedere il tenente Karl, il tenente tedesco al quale il Campi viene affidato perché parli, confessi, tradisca?

Sì, lo so, lo so. In questo momento prevengo, dico prima del tempo, racconto di un fatto non ancora preparato, ma così mi viene, sto rivivendo la vita con i miei amici, Turri e Campi, ubbidisco a ciò che il cuore mi comanda.

Karl dunque lo tortura per più di un mese, ogni tipo di tortura, tra l'altro una gamba del Campi finisce in cancrena.

Infine, con altri nove partigiani, lo porta, lui fissato con le corde a una barella e poi attaccato lungo la sponda esterna di un autocarro, fino al Bosco delle Castagne.

Prima il signor Karl fa impiccare gli altri nove e mentre questi cominciano a dondolare al venticello della sera si avvicina a Mario Campi ora non più attaccato alla sponda del camion ma in terra, sulla sua barella. Gli si avvicina, si china e affettuosamente, in italiano, il Karl era altoatesino, gli chiede se vuol parlare, tradire, e allora non sarà impiccato.

Il Campi risponde di no, che non tradisce i suoi compagni.

Allora, allora, oggi, a distanza di tanti anni – ne sono passati più di quaranta – rivedendo tutto, riflettendo e paragonando, mi chiedo se le fantastiche paure, gli improvvisi travolgenti sospetti del Campi, mi domando se non erano divinazioni, se non leggeva nel futuro.

Ma, riprendiamo il filo del racconto.

Dunque per la prima volta tutti e tre, Turri, Campi ed io, eravamo insieme da Silvio, la rosticceria di via Ugo Bassi, così accogliente da suggerire che i cibi, i vini, sono una benedizione del cielo.

Il Campi era forte fisicamente, il volto bello, da sognatore. Sì, è vero, era dominato da terrificanti fantasmi, ma anche, all'opposto, gli bastava un attimo di contropelo per essere pronto alla cazzottatura.

Il fatto è che io venivo dalla teppa del piazzone, dalla Viareggio marinara di quel tempo, sin da bambini abituati a picchiarci, facili a rintuzzare. E poi ero ancora giovane, ventitré anni, eravamo nel 1933.

Insomma il Campi burlò, pronunciò una battuta un po' derisoria sui versiliesi.

Raccolsi la sfida, posai la forchetta, lo fissai in attesa.

Il Campi capì, si dispiacque. Turri intervenne:

«Bei politici che siamo, proprio degni di quelli che sono in carcere... tra noi ci si...»

Il Campi chinò la testa. Anch'io. O gioventù, come sei bella e da perdonare.

Da quel momento l'amicizia si strinse anche col Campi. Con Turri era già ferma.

Come ho detto la rosticceria di Silvio in via Ugo Bassi emanava calma, le pareti con degli archi, spazio tra un tavolo e l'altro, i nostri vicini di tavola respiravano benessere. In cucina vedevamo muoversi delle donne, sicuramente emiliane, che in casa sono regine, la mensa un rito da rispettare.

Il padrone Silvio era il ritratto del suo ristorante, aveva un volto composto, una pancia prominente ma non sovrastante, negli occhi gli luceva il pensiero che il suo negozio doveva procedere con il massimo rendimento, per tutti i versi.

Quando si uscì eravamo in pratica già tre affiliati.

Ci si sarebbe visti l'indomani.

Il campo un poco si allarga

Non si diventa in un giorno fratelli, ma si sente che lo stiamo diventando. Furono fondamentali le reciproche confessioni.

Io a Viareggio ero stato solo, vanamente avevo ricercato qualcuno.

Il Campi lo stesso, torbidamente aveva annaspato a Ravenna.

Turri no, a Reggio Emilia aveva presto trovato amici; e avevano messo su una specie di setta, di continuo si vedevano, si riunivano, discutevano. Erano su per giù tutti della stessa età, intorno ai venti, venticinque anni.

Mi confidò Turri che dapprima era liberale, un puro liberale, quella la serena giustizia, la civiltà, il miglior mondo da desiderare.

Ma poi, con riluttanze, con fervori, indecisioni, accensioni, si trovò comunista, si doveva intervenire, operare tra il popolo, con quello, innanzitutto eliminare lo sfruttamento di uno sull'altro e ciascuno che nasce abbia la possibilità di presentarsi davanti alle lotte per la vita con le stesse armi, la stessa cultura, la stessa salute fisica.

I suoi amici, compagni di Reggio Emilia, con un po'

di vanità si chiamavano *marxisti*. Erano stati molto aiutati dai libri di Labriola, chissà come riusciti a scovare. L'entusiasmo non riusciva a disperdere completamente il loro procedere a tastoni, una certa confusione.

Un giorno Turri mi invitò a Reggio Emilia e conobbi quei suoi amici, una specie di chiesuola. Mi parvero come inebriati, credenti di attuare presto. Rettificavano poi: «*forse, presto*». Ripetevano certe frasi che li abbacinavano. Erano figli di gente laboriosa, loro stessi conducevano vita esemplare. Alcuni erano studenti universitari, ma tutti erano inclinati verso i lavoratori, verso chi lavora con le mani, la massima propensione era per gli operai, quelli delle officine. Si dolevano che a Reggio Emilia di fabbriche ce ne fossero ben poche. Sognavano e ne avevano letizia. Tutti avevano nel volto una luce.

Quelli di Reggio Emilia dunque e noi tre a Bologna, Turri, Campi ed io, oltre fantasticare sul futuro si studiava il fascismo, ogni suo personaggio, ogni azione, come si snodava, come si imponeva, in quale grado e chi corrompeva, chi erano i veri fascisti, quanti in verità gli autentici figli del Littorio.

Eravamo attentissimi alla stampa; i giornali avevano delle sfumature, quale più servo, quale invece lasciava scivolare qualche riga.

Quel giorno Turri scoprì su "La Stampa" di Torino non più di tre o quattro righe, nell'ultima pagina, in fondo, quasi una trascuratezza, una notiziola, un riempitivo, come cascata lì, sfuggita.

Turri lesse che era morto Gramsci. Nella clinica Quisisana di Roma si era per sempre addormentato.

Turri, pallido, intensa l'espressione, mi tese il giornale indovinai che c'era qualcosa di importante. Lessi.

Anch'io rimasi in doloroso stupore, una notizia che aveva un senso profondo, ineluttabile, quella la verità sulla storia italiana, morte in solitudine.

Commentammo a lungo. Turri mi riferì tutte le notizie che conosceva su Gramsci e intanto il Campi, lì vicino, con paura e insieme ferocia, diceva a se stesso, all'aria che respirava, ai tanti esseri umani che immaginava davanti a sé: «L'hanno ammazzato! L'hanno ammazzato!».

C'era una diversità tra un giornale e l'altro e si doveva usare molta attenzione per distinguere, per informarci in quello che potevamo.

Anche ora che eravamo in tre non è che avessimo trovato consiglieri, persone di noi più esperte in politica. Tutto da noi facevamo, mattone su mattone costruivamo noi stessi. Ci si stava, senza saperlo, prepa rando alla Resistenza, alla guerra civile.

Facevamo la vita di tutti ma non proprio completamente.

C'era ogni tanto una cena, una specie di riunione politica, in casa di un anziano socialista.

In verità costui era un chiacchierone, se la beava a sputacchiare parole; inoltre coltivava la buona tavola e forse si indaffarava anche col sesso. Prima del fascismo aveva preso parte, aveva organizzato delle Cooperative di consumo, associazioni per proteggersi uno con l'altro, tra loro salariati con soldi giusti giusti. Insieme mettevano su una drogheria o un negozio dove si vendeva di tutto, un emporio; loro stessi erano amministratori e commessi, un pratico socialismo.

Quelle Cooperative furono molto importanti nei diversi paesini dell'Emilia, dettero ai lavoratori la consapevolezza dell'organizzazione, che l'unione fa la forza. Accadde poi che nei primi tempi del fascismo questi paesini fronteggiarono le squadre d'azione, risposero alle spedizioni punitive dei fascisti.

Questo socialista che ci invitava a cena si chiamava Muccesi, aveva una moglie che era stata un bel fiore, alta, carnosa. Adesso però era assai ingrassata; lui certamente la vedeva ancora in piena gentilezza.

Il Muccesi aveva anche un figlio, ma questo melenso, annuiva e basta. Invece la figlia era appassionata e bellissima, bionda di pelle e di capelli, una dea; la voce d'argento.

Può darsi che in questi inviti a cena, oltre rimembrare liberamente il passato, Muccesi covasse la speranza che uno di quei dottorini si innamorasse della figlia e se la sposasse.

Io sto scrivendo dopo tanti anni e conosco il futuro delle persone che presento, il loro destino.

La fanciulla quando venne la guerra fu uccisa da una bomba sganciata da un aeroplano angloamericano, uccisa dai Liberatori.

I Muccesi erano sfollati in un paesetto vicino a Imola.

La ragazza ebbe una gamba falciata. Era fuggita, per scampare alle bombe, in un campo di grano. Morì dissanguata. Mi raccontò poi il fratello che i suoi occhi celesti guardavano il cielo, sorrideva e invece era morta.

Il padre, il socialista Muccesi, che ci invitava a cena, era dunque stato un gran gustatore di comizi, si beveva quei suoni, quel fumo, e che era solo un chiacchierone ci fu la riprova durante la Resistenza. Turri lo invitò, lo spronò, non ci fu verso, sembrava non intendesse, non gliene importava nemmeno della vendetta, il solo piacere per lui era forse rievocare i comizi di quel suo tempo.

Purtuttavia quelle cene, dove si parlava come la dittatura non esistesse, le due donne sorridenti e nostre alleate, quelle cene ci rinfrancavano, erano un balsamo per il grigio che ci circondava, per il torpore nel quale eravamo immersi.

Nostra croce politica

Sono conosciuto per essere medico dei matti, stato a tu per tu con loro. Vissi in un manicomio quaranta anni, prima in una sola stanzetta; poi me ne concessero un'altra.

Avevo scritto storie di mare: *L'angelo del Liponard*, *Sulla spiaggia e di là dal molo*; avevo steso vicende politiche: *Bandiera nera*, *Il clandestino*, ma la mia tinta fu quella: medico dei matti.

Gli aspetti più esterni stampano la nomea.

Però quel che ci univa, il tizzone che bruciava Turri, Campi e me, era la politica, questa la nostra croce, infissa nel cuore. Il nostro segreto era quello, tre croci uguali, quasi per noi tempo di catacombe, avessimo frequentato Gesù.

Appena ci si incontrava, celere tra noi ricominciava il dialogo, l'immaginazione di un diverso mondo futuro.

Eravamo simili a tonti religiosi, semplici le parole e ci si proponeva di essere pronti con le azioni per attuare la nostra folle speranza.

Loro due diventarono medaglie d'oro, Turri per essere stato protagonista della guerra civile, Campi per non aver tradito.

Io sono qui a tentare di tradurli con le parole.

L'esame di stato

Desiderio ho di dire, di spiegare come si viveva noi giovani dentro la Dittatura, come in lei ci muovevamo.

È per questo che narro dell'esame di stato.

Già in quella vicenda, tra quelle mosse, Turri ci guidò, era già un capo anche se quella era una faccenducola.

Eravamo nel 1936 e in quegli anni, dopo la laurea, per aver diritto ad esercitare, i medici dovevano sostenere, quale un riepilogo di tutti i sei anni del corso, una prova, un esame che per di più si svolgeva in una università differente da quella dove ci si era laureati.

Era un esame che destava preoccupazioni, timori. Oltre essere interrogati su ogni branca, su ogni specialità, dall'ostetricia alla neurologia e a tutte le altre, c'era l'esame pratico sul malato. Non essere promossi sarebbe stato il primo smacco nella vita, e grosso, indegni di esercitare la professione. Era una prova che impauriva anche i più bravi, i più studiosi, tra i quali in verità c'eravamo anche noi, Turri, Campi, io stesso, e un piccolo stuolo che in certe occasioni a noi si accodava.

Turri, laureato da pochi giorni, incontrò per una strada di Bologna un certo gerarchetto del nostro stesso anno, un piccolo capo fascista.

Fu il gerarchetto a fermare Turri e con inusitata garbatezza:

«Che sede hai scelto per l'esame di stato?»

«Ancora nessuna.»

«Ci sarebbe un'occasione...»

«Dimmi.»

«Io sono amico del segretario dell'università di Perugia. L'ho aiutato recentemente, l'ho levato da un bel guaio. È lui che ci potrebbe dare una mano.»

«In questo esame essere in qualche modo protetti non sarebbe per nulla male, è un esame troppo infido. Ne parlavo ieri col Campi, Mario Campi, con altri amici, tutti preoccupati, e ragazzi con una ottima media.»

«Appunto.»

Il gerarchetto era sempre stato uno studente da poco, voleva aggregarsi ai bravi, camuffarsi, confondersi in mezzo a loro.

Turri aveva indovinato e: «Certo, si potrebbe metter su un gruppetto di sei, sette, tutti di Bologna, una rappresentanza della nostra università, i migliori del nostro anno e, naturalmente, tu sei in mezzo a noi».

«Mi hai capito!» sorrise il gerarchetto che era un pavoncello, aveva il viso con bei trattini, la pelle così fatta che sembrava sempre incipriato anche se non lo era.

Turri prese l'aire:

«Potrei andare io a Perugia, la lista in mano, e iscrivere tutti e sette. Mi annunci al segretario dell'università, mi presenti: "Siamo un gruppo di Bologna, la nostra media agli esami..."»

«Sì, sì, perfetto. Mi hai capito! E c'è dell'altro, andiamo tutti ad abitare al pensionato che è diretto dal più famoso squadrista di Perugia, anche lui mio amico.

È un istituto che figura come proprietà privata ma è del Partito. Questo direttore del pensionato è una autorità a Perugia e ci sarà utile.»

«Hai ragione, con questo esame dobbiamo usare tutte le carte, ne va del nostro avvenire.»

«Chi sarebbe del nostro gruppo?»

«Te li cito tutti: Campi, io, Ottaviani, i migliori, vedrai, uno meglio dell'altro, e tu in mezzo a noi.»

Il gerarchetto fino a quel momento aveva soltanto vagheggiato quel suo piano e ora se lo trovava davanti con contorni precisi. Turri era il primo della classe, agli esami tutti trenta e trenta e lode.

«Sì... sì... bene.»

«Mi devi lasciare il tuo indirizzo.»

«Eccolo. C'è anche il telefono.»

«Ti trovo a questo numero?»

«Sì, debbo rimanere a Bologna. Ho da fare per il Partito, un'adunata dopo l'altra.»

«È bene iscriverci subito, adesso, in agosto, essere i primi. Sono pronto ad andare a Perugia. Iscrivo tutti. E, come si chiama il segretario dell'università?»

«Merlini, dottor Merlini. L'ho tolto da un bel guaio. Non era iscritto al Partito e per di più puzzava di antifascismo, gli ho fatto un gran favore. Sono sicuro che vorrà dimostrarmi...»

«Bene. Quel che ci voleva.»

«Siamo d'accordo.»

Si strinsero le mani.

Il gerarchetto si allontanò muovendo con gentilezza le spalle; si sentiva un uomo molto brillante, anzi un manovratore. Gli rimase per un bel po' quel suo sorrisino stampato in faccia.

Tutto si svolse come programmato.

Turri avvertì me, il Campi e insieme scegliemmo

altri tre per i quali avevamo stima e simpatia; lui stesso andò a iscriverci a Perugia. Conobbe Merlini, il segretario dell'università, e ne ritornò entusiasta, quello una volpe, un volpone, consumato attore e, chissà! forse era uno che covava qualche suo disegno.

Come gli altri neolaureati andammo a Perugia un mese prima, per conoscere i professori, i nostri esaminatori, studiarli, frequentare le loro lezioni.

Per noi tre amici fu un mese speciale, e lo fu anche per questo: perché forse era l'ultima volta che si stava insieme, la vita presto ci avrebbe diviso e lì a Perugia invece abitavamo nello stesso pensionato, in quel convitto, diretto dal famoso squadrista e, ecco! avevamo le camere una accosto all'altra. Non ci era mai capitato. Studiavamo indefessamente ma succedeva anche che ci trovavamo a discutere di politica per ore e ore, insieme immaginare il futuro, covare, accarezzare il nostro ideale comunismo.

Andò tutto col vento in poppa.

Nel pensionato, nel convitto, ci comportammo quali esemplari campioni della bella generazione fascista, ogni volta che si incrociava il direttore squadrista salutavamo con energia, con un che di severità, di consapevolezza.

Merlini, il segretario dell'università, fu un genio beffardo.

Prima del nostro esame ebbe un dialogo col direttore dell'istituto, con lo squadrista. Già ripetutamente gli aveva alluso di quel gruppo bolognese, esempio della nuova gioventù, ed ecco, il giorno prima del nostro esame, ebbe con lo squadrista direttore un colloquio più stretto.

Lo invogliò all'azione, in concreto gli disse che quei giovani bolognesi andavano protetti perché tra i professori, tra gli esaminatori, ce n'era di bigi, obliqui, contrari al Regime e sarebbe stato suo dovere di vecchio squadrista presentarsi a quei signori, a quei professoroni e avvertirli che c'era chi sorvegliava, chi era attento, quel gruppetto bolognese rappresentava la nuova gioventù, la gioventù del Littorio.

Lo squadrista era un uomo di scarsa mente, con fatica e confusione sopportava il ruolo che gli era calato addosso.

Si lasciò consigliare, si lasciò dirigere. Prese un appuntamento col Presidente della commissione esaminatrice, *per compiere il suo dovere*.

L'appuntamento era alle quattro del dopopranzo, Merlini ce ne aveva sussurrato l'ora; noi dalle finestre socchiuse, dal pensionato, spiammo lo squadrista allontanarsi, più pallido e rigido del solito, avviato all'appuntamento col Presidente della commissione esaminatrice.

Gli esami cominciarono la mattina dopo. Il primo a essere interrogato fu Turri. Non aveva nessun bisogno di raccomandazioni.

La commissione, che era irritata per l'intervento del temuto squadrista, si meravigliò e poi fu lieta di constatare che tutti quei sei bolognesi erano bravi, anzi bravissimi, incredibile. Ma perché quello squadrista si era impicciato? Io addirittura, forse in estrosa giornata, presi la lode, trenta e lode; il Presidente della commissione si alzò e mi strinse la mano, avevo individuato istologicamente un morbo da poco conosciuto, quasi una novità.

Ho detto *i sei* bolognesi, non sette.

Il gerarchetto, *babbeo*, all'ultimo aveva calcolato che era meglio si presentasse da solo, così la raccomandazione sarebbe calata tutta soltanto su lui.

Non aveva calcolato il genio di Merlini, il segretario dell'università, dell'antifascista Merlini, che ardeva di vendetta per essersi dovuto umiliare, solo perché non iscritto al fascio, a quel vanesio, a quel ragazzo, lui esperto di tanta vita, a quel pavoncello senza costrutto.

Il gerarchetto scese a Perugia da solo.

Noi, i sei di Bologna, eravamo già lontani, vittoriosi, partiti per le nostre rispettive case.

Il gerarchetto naturalmente appena arrivò a Perugia si presentò al segretario Merlini che lo accolse, si inchinò, si profferse. Il gerarchetto non indovinò che serpe dentro lo mangiava.

Il segretario Merlini aveva già preparato le sue mosse. Ormai era un alleato dello squadrista di Perugia, il direttore del convitto, quasi un suo pari, anche lui protettore della bella gioventù del Littorio.

Di nuovo andò a trovare il direttore del convitto, lo squadrista.

Entrò nel suo ufficio.

Lo squadrista appena lo vide si abbuiò. Temette che di nuovo lo invitasse, lo costringesse a presentarsi davanti a quella commissione di professori che pochi giorni prima lo era stata ad ascoltare con le labbra serrate, in duro silenzio. E lui dentro di sé era stato in profondo disagio, quasi in vergogna.

Anche lui era a conoscenza dell'arrivo del gerarchetto.

Ma Merlini, il segretario dell'università, appena entrato in ufficio subito col dito gli fece cenno di no, di no, che stesse tranquillo.

Immediatamente entrò nell'argomento, sul perché era venuto.

«Quelli erano bravi, onesti, esemplari. Questo gerarchetto invece è un asino, anche se si atteggia a uno che ha fatto le vostre battaglie.»

«Per i giovani studiosi io mi inchino, e credo, sono sicuro che lei è come me; i veri figli della nuova Italia. Lei forse non lo sa ancora, ma il Presidente della commissione esaminatrice mi ha telefonato: "La ringrazio e ringrazi anche il direttore del pensionato". Ha detto il suo nome e cognome e lo ha ripetuto. "Raccomandatemene di così bravi, ne sono onorato." Ha capito? Le è stato grato per il suo intervento. Dapprima erano rimasti un po' incerti, perplessi, e poi, è la verità, si sono quasi commossi.»

«La nuova gioventù noi l'abbiamo segnalata, non raccomandata, solo indicata.»

«E ora viene questo asino. Lei faccia quello che vuole, ma io no. Sono venuto a dirglielo. Per gli asini non mi muovo. Lei come vuole. Io sono soltanto per i giovani di valore.»

«Anch'io!» balzò in piedi lo squadrista, che poi era una brava persona.

«Anch'io!» riesplose felice perché appunto ripetere la scena davanti a quei professori proprio non se la sentiva.

Il segretario Merlini che aveva compiuto la sua missione indugiò ancora un minuto e poi salutò, si accomiatò.

E ci fu un piccolo segreto. Il direttore squadrista, rimasto solo, prese una sua iniziativa.

Scrisse un biglietto proprio al Presidente della commissione nel quale lo ringraziava e si felicitava che fosse stata riconosciuta la preparazione del gruppetto bolognese. Gli era poi arrivata una voce che un certo neolaureato – e ne citava il nome – in procinto di essere esaminato, si atteggiava a personaggio del partito fascista, investito di chissà quale potere politico. Voleva avvertire che lui con questo tale non c'entrava nulla. La commissione applicasse al solito la legge, la severa e giusta legge fascista.

Il gerarchetto fu solennemente bocciato.

Fu bello quel mese a Perugia, noi tre nel convitto, le nostre camere vicine, ci si poteva parlare a qualsiasi ora.

Di notte filtrava la luce dalle nostre porte.

Toc-toc.

«Sono venuto a trovarti. Un po' di riposo... Cosa studiavi?»

Si cominciava a sdipanare il filo, il grosso gomitolo delle nostre speranze. Delle volte l'alba affacciava il capino e infine ci decidevamo a tentare il sonno.

Fu un mese bello non solo perché vivevamo nella stessa casa ma anche perché per la prima volta ci muovevamo davvero nella vita: lo squadrista direttore, la commissione esaminatrice, l'incubo dell'esame, e forse innanzitutto quel Merlini, quel segretario di università, divertente, misterioso, capace di sorprese e credemmo, fummo quasi sicuri che ci aveva fiutati, ebbe col Turri rapide allusioni. Per nulla si compromise ma capimmo che ormai era nel sicuro, raggiunto quel che voleva, lo squadrista direttore suo alleato e di quel vanesio gerarchetto bolognese se ne strafotteva e anzi, anzi, una lezioncina gli doveva essere data, come infatti avvenne.

In quel mese di Perugia un poco entrammo nella vita.

Che era per mandarci addosso il futuro?

Il futuro martire è un cazzottatore

Facile a quel tempo notare la lucidità di Turri, la sua razionalità, era il primo della classe, esemplare anche nei doveri. Più difficile indovinare come si sarebbe comportato durante la guerra civile: quanto a lui era ignota l'incertezza, sconosciuta la pietà.

E indovinare il futuro del Campi, quello sì che era difficile! Cosa ruggiva in quel petto? che gonfiava in quel cuore, che immaginava quella mente? come indovinare che aveva una natura composta in tal maniera da consentirgli di diventare un martire?

Desidero di lui ricordare un piccolo episodio, di quando insieme si era studenti universitari. La vita di tutti i giorni spesso è quella che fornisce dei *numeri*.

Avanzavamo quel dopopranzo da via Zamboni, venivamo dalla Sapienza.

Si arrivò alle Due Torri e lì davanti c'era il bar, folto sempre di studenti provenienti da ogni regione, ritrovo di prossimi dottori.

«Si prende un caffè?» proposi.

«Sì.»

Tra la cassa e la macchina-espresso laggiù in fondo, nell'ampio salone, in piedi, tra loro conversavano diversi giovani.

Pagammo, con pazienza scansammo i diversi capannelli, e arrivammo al banco; il caffè ci fu servito.

Quei giovani in mezzo alla sala, ritti in piedi, in verità accentuavano troppo le voci, esageravano nelle gesticolazioni, affatto si curavano di chi era costretto a sfiorarli, continuando in quella sguaiatezza verbale che impediva ad altri una pacata conversazione.

Io e il Campi lentamente ci facemmo largo all'andata e al ritorno, ma ecco, quando si era sull'uscio notai il volto del Campi percorso da ombre.

Mi trovai a commentare:

«Sembra impossibile. È così, sono veneziani, di Napoli, toscani, e come si ritrovano insieme a Bologna e particolarmente in questo caffè, gloriosi goliardi, la fanno tutti da padroni, gridano come lavandaie, perché qui a Bologna... Figurati se succedesse in Romagna e mai più a Ravenna, non oserebbero neppure cominciare. Andiamocene, i così gentili bolognesi... emiliani...»

Il Campi si soffermò. Avvertii una sua determinazione, però non previdi, davvero non previdi.

Mi strinse un braccio: «Hai ragione. Aspetta».

Lentamente andò nel centro, nel più fitto della sala, presso un gruppetto di napoletani che più gesticolava.

Cominciò da quei tre. Non disse niente, cominciò a picchiarli, preciso, calmo. Un pugno su una faccia, sull'altra faccia, ora allo stomaco del terzo.

«*Icché! chillo!*» si udì.

Il Campi aveva cominciato. Gli ero andato dietro, tentavo di trattenerlo, ma non riuscivo. Aggredì un secondo gruppetto con più feroce immediatezza. Ora il Campi era come un invasato, non udiva né vedeva nient'altro.

Li atterrò tutti e quattro. Ogni botta uno giù.

Le esclamazioni: «*Chillo! chillo, xe xe, icché tu fai?*» mi sembrarono ora più pallide.

Intorno al Campi si cominciò a fare il vuoto.

Erano in tanti, perché non si riunivano e a loro volta lo aggredivano?

Si avanzò uno più aitante. Pensai di mettermi a picchiare anch'io, aiutare il mio amico.

«Tienti questo» gli disse il Campi che lo aveva lasciato avanzare e forse lo aveva giudicato temibile.

Un colpo sulle labbra, mi parve un dente si fosse piegato, il sangue si mescolava alla saliva. Il colpito era divenuto perplesso, molto cauto. Lo salvai io. Il Campi era di nuovo per caricarlo.

Abbrancai il Campi, gli contornai le spalle, lo strinsi, ma questo forse non sarebbe bastato. Gli sibilai all'orecchio:

«Attento. La polizia! Andiamo.»

Il diluvio si interruppe, il torrente d'un tratto si inaridì.

Lo presi stretto a braccetto, fummo sulla porta.

«Stiamo attenti, la polizia. Giriamo di qui, per via Santo Stefano. Siamo due cittadini tranquilli, sorridi, siamo due impiegati di banca, usciti ora d'ufficio.»

«Sì... sì...» ancora ansante sussurrò il Campi.

«Noi in quel caffè non ci siamo mai stati. Tu mai ci sei entrato. Neghiamo tutto.»

«Sì...» mormorò ed una paura lo aveva invaso, che la polizia si impadronisse, svelasse, per quella breve cazzottata, tutti i suoi propositi, che erano forsennati.

Fummo lontani di numerosi passi dal caffè delle Due Torri.

«Stasera andiamo a mangiare al Foro Boario» dissi calmo. «Nessuno saprà più nulla. Niente è successo.»

«Sì» consentì il Campi e mi era grato. Era guarito. La paura, il terrore della polizia erano fuggiti.

Adesso me lo trovai vicino sorridente, vagamente con la voglia di far l'ironico, addirittura dirottarsi nel beffeggio di faccende sessuali.

Ecco, il Campi a quel tempo lo conoscevamo così. Non si sapeva che aveva le doti, le qualità per essere un martire della Resistenza.

Festa di primo dell'anno insieme a un grande bibliotecario

A Perugia, durante quel mese, ogni tanto ci lampeggiava che eravamo per perderci. Finita l'occasione degli studi, la nostra amicizia fatalmente avrebbe perso i lacci, si sarebbe con probabilità trasformata solo in un ricordo.

Non fu così. Per lo meno noi tre, Turri, Campi ed io, mantenemmo l'unione. Ci si scriveva, anche nelle rapide cartoline si afferravano le allusioni, il dialogo continuava.

Il servizio militare durò circa due anni, prestammo servizio come tenenti medici in differenti reggimenti e ritornammo ai nostri paesi.

Tentai di adattarmi a Viareggio. L'accoglienza all'ospedale della mia città fu davvero grama; la parola d'ordine era d'ignorarmi, ero un'ombra, uno sconosciuto. L'avvilimento mi si accresceva giorno dopo giorno. In particolare mi aveva ferito il comportamento di un anziano medico di nome Paolucci. Aveva per tanto tempo frequentato la farmacia di mio padre, mi aveva conosciuto bambino. Tante volte ero corso in bicicletta ad avvisarlo per una visita, un cliente. Mio padre, quando gli domandavano di un medico di fiducia, indicava sempre lui ed io ero incaricato di portargli nome e indirizzo del nuovo cliente. Ebbene, mi presentai all'ospedale di Viareggio, dove lui era primario e quasi mostrò di non conoscermi. Era un avaro, anche di sentimenti, e può darsi che avesse calcolato che potevo divenire un concorrente pericoloso.

Acuta in quei giorni viareggini la mia pena.

Giunse la lettera di Turri.

Mi scriveva da Bologna: "Vieni qui; al manicomio cercano due praticanti. Non c'è stipendio, danno solo vitto e alloggio. Che importa? Intanto si comincia. Il Roncati è un bell'ospedale, e contigua c'è la clinica bolognese. Dovremo pure specializzarci!".

Feci le valigie, arrivai a Bologna, entrai al Roncati. Turri vi si era già installato. Ridemmo della nostra posizione amministrativa: vitto e alloggio e non un soldo di paga. Avevamo in compenso due magnifiche stanze e ci serviva un matto, un malato, allucinatissimo ma quanto mai simpatico e amichevole. Proprio la prima mattina, appena mi ero svegliato, mi dette un esempio della sua sintomatologia.

La sera prima mi ero accorto che nel bagno mancava la lampadina e glielo dissi.

«Corro a prenderla!» E infatti dopo pochi minuti tornò con la lampada in mano.

Ma ecco ebbe una mossa improvvisa, una specie di scatto. Lanciò contro il muro la lampadina, che naturalmente si infranse.

Si voltò verso di me sorridente, compiaciuto, soddisfatto:

«Sono contento che lei sia stato presente. Ha visto che colpo mi hanno dato nel gomito? Fan sempre così, sono sempre gli stessi, sempre loro a perseguitarmi!»

Eppure, al di fuori di qualche altro episodio, del resto innocente, di qualche incantamento quando lo perseguitavano con "le voci", era un ottimo cameriere, servizievole, pieno di premure. E insomma: vitto e alloggio, senza paga, ma ottimamente alloggiati e serviti.

E c'era un altro bello. Da numerosi anni in quell'ospedale non c'erano stati medici giovani. Tra le infermiere, specie tra le attempatelle, ci fu un brusio, luccicò simpatia.

E in cucina, quando seppero che non avevamo stipendio, ci ammannivano pranzi succulenti e persino il capocuoco a una cert'ora bussava alla nostra porta, si affacciava, chiedeva se eravamo contenti.

Dopo diversi giorni che eravamo in quell'impiego Turri scoperse su un "Corriere medico" che al manicomio di Ancona cercavano due giovani assistenti. Questa volta lo stipendio c'era, 560 lire al mese; per noi una fortuna qualora fossimo stati accettati.

Concorremmo. Ci arrivò la lettera, avevamo vinto tutti e due. Poi sapemmo che i giudici di Ancona erano stati persuasi dai voti che avevamo preso all'università e ci avevano preferito agli altri.

Ci accingemmo a partire, dovevamo entrare in servizio il primo dell'anno, così c'era scritto nella lettera: *Incarico dal primo gennaio*.

Mai più ci venne in mente di presentarci il due gennaio, dato che il primo era per tutti festa.

La sera dell'ultimo fummo invitati dal socialista bolognese, quello che aveva la figlia bella.

Quella volta la cena fu ancor più festante, ripetutamente brindammo: presto, presto il fascismo sarebbe caduto. Si avvicinava la guerra e con la guerra sarebbero arrivate tutte le libertà.

Avevamo portato nella casa del vecchio socialista le valigie. C'era un treno alle tre del mattino; saremmo arrivati ad Ancona all'ora giusta.

Infatti scendemmo dal treno che non erano neppure le sette.

Dicemmo al vetturino: «Ci porti al manicomio».

Il primo a stupirsi fu il portiere: «Il primo dell'anno e così di mattina presto! Avverto subito il direttore; è già arrivato».

Il direttore ci venne incontro; avemmo un'accoglienza molto affettuosa.

«Nella lettera c'è scritto il primo gennaio» esclamò il direttore «ma non vi volevamo certo portar via ai vostri familiari! Nel Deliberato c'era: *Dal primo gennaio* – e il segretario ha ricopiato.»

Più tardi arrivò il medico che avrebbe dovuto far la guardia se noi non si arrivava.

Approfittò sorridendo: «Chi di voi due?» e chiaramente sottointendeva "si offre per la guardia medica?".

«Io» risposi.

Turri da qualche tempo era innamorato cotto. Durante il viaggio mi aveva annunciato che, se poteva, dopo essersi presentato, sarebbe fuggito dalla sua bella, a Iesi, da Ancona non molto distante.

Sicché i due medici e Turri se ne andarono alle loro cose. Rimasi solo. Ero per la prima volta di guardia al manicomio di Ancona.

Fantasia umana, quante frecce hai al tuo arco!

Nel reparto destinato ai medici presi possesso della mia camera, adiacente c'era uno studiolo.

L'infermiera incaricata del servizio mi aiutò a disfare la valigia, ad accomodare le mie cose. Era una infermiera silenziosa e solerte. Già cominciai a notare che in quell'ospedale tutto procedeva con ordine, senso del dovere.

Arrivò mezzogiorno. C'era un saloncino adibito per i pasti. L'infermiera mi annunciò che era pronto. Mi sedetti. Nella tavola c'era apparecchiato per un altro.

Entrò il professor Tamberletti.

Di statura era inferiore alla media, incedeva a piccoli strappi, anche i movimenti delle mani non erano sciolti.

Mi alzai, mi presentai. Aveva, sparsi per il volto, dei nocciolini.

La sua voce era stridente, fui costretto a notare che si alzava di tono, si acutizzava non in dipendenza del senso del discorso.

Intanto l'infermiera, sempre con quella sua attenta silenziosità, aveva tolto da un armadio un lenzuolo e lo stava dispiegando.

Il professore in piedi aspettava.

L'infermiera cominciò ad avvolgerlo, in certo modo a fasciarlo con quella tela quasi come un infante.

«Sono un maialino!» proruppe con una risata a strozzo il professore, e, sempre con frenesia, ripeté: «Deve fasciarmi così perché sono un maialino!».

Capii che l'infermiera così l'avvolgeva perché mangiando si sbrodolava a causa dei suoi inceppati movimenti, per quelle pallottoline che gli premevano su i nervi. Infatti il professore era affetto dal morbo di Reklinghausen, una neurofibromatosi diffusa, per tutto il corpo appunto quei nocciolini.

Tentai di avviare un discorso. La minestra già scodellata:

«La biblioteca qui... ho saputo... fornitissima, completa» dissi.

Agitò in aria tutte e due le mani, il cucchiaio caduto sulla tovaglia, mi interruppe:

«Fu mio padre, lui, tutto lui, regalò i suoi libri di psichiatria, tantissimi; gliene mandavano da tutto il mondo... Ma io... io... peccato che lei sia arrivato tardi» proseguì. «Fino a un mese fa, ero io, io che possedevo la vera, quella sì! la più completa biblioteca pornografica d'Italia!» ed emise un lungo sospiro di liberazione, come il suo spirito fosse occupato soltanto da quell'argomento, che infine aveva soddisfatto, aveva liberato dalla strozza.

Ero ormai un po' pratico di psichiatria. Quel professore che mi stava davanti era divorato da manie sessuali? forse in dipendenza del morbo di Reklinghausen?

Adesso più nettamente distinguevo le sue fibrosi, i nocciolini che sporgevano qua e là, per il viso, dal collo, ed ero costretto a notare che l'espressione era di forte gioiosità, come provasse uno straordinario piacere, infatti con quella voce ancora più acuta, che aveva delle cadute e poi ritornava alta, continuò:

«Sì, sì, mi piace parlare a giovani ancora inesperti. Peccato! peccato! la più bella biblioteca d'Italia. Poteva divertirsi oggi, gli prestavo tutto quel che voleva. È stata la Gina, la Gina, è lei che mi ha obbligato! Vedo che lei è ancora alle prime armi. La Gina mi ha obbligato! È stata lei. Che libri, completi, fotografie, disegni, testi di autori.»

L'infermiera che ci serviva continuava nel suo lavoro come se niente vedesse e udisse; probabilmente a quelle scene del professore era abituata. Ogni tanto si ritirava nella cucinetta che c'era dietro il saloncino da pranzo. Su un tavolo di marmo c'era un portavivande, di certo lo era andata a prendere alla cucina centrale. Di lì toglieva le pietanze, le disponeva in un vassoio e ce le porgeva.

Il professore, sbrodolandosi, sputacchiando qua e là,

aveva finito la minestra. Alzò il viso, fino allora a tu per tu con il piatto.

Fu il momento di affrontare la questione della Gina, chi era. Non era difficile sospettare che il professor Tamberletti aveva in serbo altre delizie che con ardente piacere avrebbe versato su di me verginello.

«Come mai la obbligò?»

«La Gina?»

«Sì.»

«Era una mia amica meretrice, di Ancona. Libro dopo libro fu lei a costringermi, me li volle distruggere tutti, diceva che li bruciava. Era gelosa, voleva esserci solo lei. Ogni giorno dovevo portarle un libro, un album, una rivista, se no si inveleniva, diventava una furia, mi beavo a essere suo schiavo. E non potevo tagliarmi le unghie, me le dovevo far crescere e poi lei me le appuntiva, con le forbicine, diventavano tanti stilettini, appuntiti. Era in tram che più mi disturbavano quelle unghie, per infilare le dita nel taschino, prendere i soldi. Se me lo ricordavo mettevo gli spiccioli nelle tasche dei calzoni. Le unghie lunghe e a punta! perché così non potevo toccare le altre donne.»

Me lo immaginai quando era nei reparti dell'ospedale e scriveva le cartelle, visitava i malati. Cosa pensavano le suore del suo reparto mentre erano vicine a lui?

Di nuovo il professore sortì in una convulsa risata:

«Essere schiavizzato mi piaceva, mi piaceva. La Gina era una maestra. Forse se la godeva anche lei, non era solo per i soldi. Era *come me*! *come me*! Ogni giorno un libro, prima lo guardava, poi minacciava di frustarmi. Ha distrutto la biblioteca, la più bella d'Italia. Lo so con sicurezza, la più bella. Macché quella di mio padre!»

Ci fu qualche momento di silenzio. L'infermiera, sempre compunta, tolse i piatti.

Il ramo di un pino, fitto di aghi verdi, quasi toccava i vetri della finestrella che era al mio lato.

Il professore si alzò. Il viso gli era diventato buio, più brutto; un grosso dolore lo premeva togliendogli la parola. L'infermiera lo liberò del lenzuolino.

Si avviò alla sua stanza, che era di fronte. Lo salutai. Rispose al saluto tra colpi di tosse secca.

Era il primo gennaio del 1939.

Ospedale d'esempio

Ci fu questo periodo del manicomio di Ancona.

Dei momenti eravamo in esaltazione, la libertà già stretta nelle nostre mani; altri giorni in mutismo, tra beffardi interrogativi.

Poi successe che scoppiò la guerra e il fascismo diventò cenere, ma come in quel periodo esserne certi?

Intanto la fortuna per noi era di essere capitati in un ospedale esemplare: il merito era di un direttore che era stato in servizio fino a pochi mesi prima. Si chiamava Modena, ebreo. Dopo essersi laureato era andato a Monaco di Baviera, nell'ospedale di Kraepelin, colui che aveva gettato luce sulle malattie mentali, dato loro una fisionomia, una precisa identità; Kraepelin un grande scienziato.

Lì Modena imparò non solo la psichiatria ma anche come modernamente si conduce un ospedale.

Tornò in Italia, prese contatti, cercò lavoro. Chi a quel tempo in Italia dirigeva la psichiatria, in sostanza la comandava, faceva e disfaceva, era proprio il padre di quel Tamberletti erotologo che aveva passato con me il primo giorno dell'anno 1939.

Modena andò a trovare il professor Tamberletti e non mancò di informarlo su tutto ciò che aveva visto a Monaco di Baviera, nell'ospedale di Kraepelin.

Il professor Tamberletti vide di buon occhio questo Modena, lo aiutò per la Libera Docenza e nacque tra loro un tacito accordo, si intesero senza parlare.

«Io ti nomino direttore al manicomio di Ancona e tu mi custodisci il figlio. Ben sai che ho un figlio, unico figlio, affetto da morbo di Reklinghausen, insieme a diverse altre strampalerie. Tu me lo terrai a freno, te lo affido. Per la direzione all'ospedale di Ancona ci penso io.»

Così avvenne: Modena *direttore* e il figlio di Tamberletti *primario*.

Passarono diversi anni e il figlio di Tamberletti non esagerò quasi in nulla, del resto aveva una prodigiosa memoria e il padre gli aveva inculcato dei comportamenti, obbligato a certe severità, che il figlio ciecamente eseguiva. Si limitava a delle confidenze con giovani medici, appunto come era capitato a me, e sfogava le sue lussurie più che altro fantastiche con vecchie cortigiane della città che a volte prendevano gusto a quelle erotiche stravaganze, ci si divertivano, non trascurando il guadagno.

Il padre, il celebre Tamberletti, quasi a riconoscenza che il figlio avesse lì, nel manicomio di Ancona, trovato un benedetto rifugio, lasciò in eredità proprio al manicomio di Ancona la sua ricchissima e famosa biblioteca, che durante la sua vita aveva appassionatamente curato, come quella davvero fosse la sua creatura.

Questa biblioteca divenne un vanto per l'ospedale psichiatrico di Ancona e infatti io e Turri, appena arrivati subito cominciammo a frequentarla e scoprimmo quale tesoro era.

Fu lì, per esempio, in quella biblioteca, che una notte trovai il libretto di Cotard, che per la prima volta descriveva quella malattia che poi prese il suo nome.

C'era fortunatamente, ricoverato lì ad Ancona, un caso di Cotard, delirio di negazione e immortalità; proprio un Federale fascista era stato avvinto da questa malattia mentale.

Aiutato dal libretto del Cotard studiai il caso e poi alambiccai un mio perché. Pubblicai il lavoro sulla "Rivista di Freniatria" col titolo: *La sindrome di Cotard o l'impossibilità del concetto*, lavoro che suscitò buone considerazioni anche in Francia.

Ma oltre alla biblioteca il manicomio di Ancona beneficiava della passata direzione del professor Modena. Non solo in questo ospedale lui aveva riversato tutto ciò che aveva appreso da Kraepelin, a Monaco di Baviera, ma si era anche valso dei marchigiani, della loro natura, così bella per intelligenza e insieme modestia; la nessuna alterigia li fa più acuti e adatti a comprendere i labirinti della follia, a collaborare efficacemente con lo psichiatra, con il dottore del reparto.

Purtroppo io e Turri quando arrivammo quel primo gennaio non trovammo più il professor Modena. È vero che da tempo si era convertito. Ispirato dalla moglie molto religiosa era passato alla religione cattolica e dunque aveva forse poco da temere, purtuttavia si era nauseato delle leggi razziali che in Italia cominciavano a serpeggiare, e lasciò la direzione del manicomio. Non aveva figli, possedeva qualcosa e con la moglie si ritirò in una casetta di Roma.

Fu una fortuna per me e Turri essere capitati in un ospedale così antiprovinciale, europeo e quindi la psichiatria, lo studio, un poco ci distrassero dai nostri incaponimenti politici. Quell'ospedale ci insegnava un mestiere, ci accostava al mistero della follia. Turri fu messo ai reparti femminili, io agli uomini e presto fummo noi a condurre l'ospedale, gli altri due medici avevano da pensare a loro visite private e il figlio di Tamberletti navigava tra le sue lussuriose ninfe.

Noi invece si stava sempre tra i matti, si discuteva su questo e quell'altro sintomo, si componevano i ritratti dei malati, insomma si diventava degli uomini completi.

Per di più nulla ci mancava, avevamo un letto, la mensa, chi ci accudiva. E usufruivamo, come ho detto, della biblioteca inesauribile, perfino una notte scoprimmo dietro una riga di vecchi libri dei volumi politici, opere di Labriola, che bevemmo.

Quella del manicomio di Ancona fu una fortunata pausa della nostra vita quasi che qualcuno avesse a noi procurato una distensione per meglio prepararci al prossimo tumulto, per dedicarci alla nostra croce politica.

Oggi siamo forse considerati ingenui, invasati o addirittura criminali come fu la definizione di uno che lesse queste pagine quando erano ancora dattiloscritte.

Io e Turri eravamo lì ad Ancona, e l'altro, il futuro martire, il Campi, era a Trento ad accrescere le sue esperienze chirurgiche.

Sempre noi due si parlava di lui e il Campi sempre ci ricordava con le lettere, qualche volta ci sorprendeva col telefono.

L'unica pausa era quando la domenica mattina Turri partiva per Iesi, a trovare la sua adorata Irene, la fidanzata che si stava per laureare in critica d'arte. Inappuntabilmente la domenica sera Turri di nuovo rientrava in manicomio. Non usava a quel tempo che i fidanzati dormissero nelle case delle fanciulle.

I genitori di Irene erano lieti di accoglierlo, lo consideravano un figlio e già si erano del tutto dimenticati di quella confessione che la settimana precedente aveva loro fatto, fantasie di giovani dall'animo puro.

Era infatti accaduto che la domenica precedente Turri a un certo momento aveva preso l'aria preoccupata, intensa, di chi è assillato da un qualche dovere sia pure doloroso. Si avvicinò ai due suoceri e disse che voleva parlare con loro e da soli, senza che Irene ci fosse, lei era già al corrente. Preferiva che fosse presente anche loro figlio.

I suoceri risposero: «Subito, quando vuoi».

Si appartarono in un salottino che c'era lì appresso, insieme al figlio che era stato convocato.

Turri, che per due o tre secondi aveva tenuto la testa china, la rialzò e, fissandoli:

«Io ho una passione politica, voglio il comunismo. Per quello combatterò. Sono pronto a sacrificare me e la mia famiglia, correre ogni rischio, insomma partecipare con tutto me stesso alla lotta. È questo che volevo dirvi, perché sappiate a chi date la mano di vostra figlia.»

I vecchi, e il figlio, lo avevano ascoltato senza battere ciglio. Consideravano Turri un ottimo partito, buono su tutti i punti di vista, era anche stato il primo del suo corso, a medicina, agli esami sempre trenta e trenta e lode.

Gli sorrisero come non avesse detto niente di grave, era anche generoso verso gli umili, un vero cristiano. Mai più immaginarono che Turri un giorno sarebbe stato il capo della Settima Gap, centinaia e centinaia di morti, dalle due parti ogni sorta di ferocie.

Il suocero mormorò che continuavano ad avere di lui piena fiducia, seguisse quel che gli dettava l'anima.

I due vecchi, se fossero stati costretti a precisare, avrebbero risposto:

"Sogni di anime belle. Quel giovane sarà sempre dedito solo alla nostra Irene, alla famiglia."

E infatti per diversi mesi fu proprio così, di battaglie neppure la più lontana sfumatura.

Turri si trasferì da Ancona a Reggio Emilia. Ci fu il bellissimo matrimonio, tanti giovani, belli, sorridenti di speranze.

Turri si portò la sposina al suo paese, a Reggio Emilia, nel preparato nido.

Si annunciò la nascita di un fanciullino, che nacque, vispo, occupava tutta la casa,

La storia continua la sua marcia non curandosi della felicità degli uomini.

Scoppiò la guerra. Turri venne richiamato. Lui fu mandato in Grecia, io in Libia. Tutti e due tenenti medici.

Qui prevengo i tempi, ma ora mi piace narrare di una risata, della risata della medaglia d'argento. Poi riprenderò il filo, di quando cioè mi trovai solo al manicomio di Ancona, che infatti Turri se ne era volato con la sua sposina.

Dunque tutti e due fummo in guerra ma il comunista Turri fu decorato proprio dai suoi nemici fascisti, dall'esercito del Duce. Chi ha certe doti anche se non vuole gli scappa di manifestarle.

Un dopopranzo Turri era nella sua tenduccia di sanità a sopportare quella guerra fascista quando i greci, che tacitamente si erano infiltrati in una collinetta di fronte, cominciarono a sparare e insieme ad avanzare.

I greci avevano capito quanto gli italiani erano male armati e quanto poco ardessero per quella guerra. C'è da immaginare che si fossero un po' esaltati.

Nei giorni precedenti Turri, spiando, tanto per passare il tempo, dalla sua tenduccia, aveva studiato il terreno, si era perfino divertito con dei commilitoni a eseguire lì intorno qualche perlustrazione.

I greci dunque d'improvviso cominciarono a sparare contro gli italiani e scendere nella gola che separava le due colline.

Gli ufficiali italiani dell'arma combattente, di fronte a quella situazione, non presero subitanee decisioni, titubarono. I soldati, lasciati senza ordini, si acquattarono.

Turri dalla sua tenduccia capì in che stupida situazione si stavano mettendo i greci, infilarsi in quella gola, senza avere i lati coperti e che fatica se mai a riportarsi su. Ma perché mai così si inabissavano?

Vicino alla tenda di medicazione di Turri c'erano due postazioni di pezzi da 149 e un plotone di mitragliatori.

Anche questi soldati erano muti, in attesa.

Turri si avvicinò e come fosse lui il comandante ordinò:

«Puntate là, sparate, li puliamo tutti, sono stati degli stupidi a ingolfarsi così, non hanno niente alle spalle.»

Ai pezzi dei 149 c'erano un sergente e un maresciallo. Fecero segno con la testa che avevano capito e spararono.

Turri alla svelta si avvicinò ai mitragliatori. Essi compresero a volo, ubbidirono contenti.

Nelle seconde bordate gli italiani furono più precisi.

I greci si smarrirono, presi in trappola, un'azione senza discernimento.

I mitraglieri italiani sempre più mirarono con esattezza. Si vedevano i greci cadere, ruzzolare nelle buche, si udivano degli urli.

Intanto accadde che le postazioni che erano dietro la tenda di Turri, fino ad allora inerti, si accorsero della buona occasione. Anche loro nelle dolorose battaglie dei giorni scorsi un po' di guerra l'avevano annusata, e presero a muoversi.

Ormai i greci tentavano solo di scampare.

Turri continuò a dare ordini, a indicare con fermezza. Turri era guerriero nato, del tutto si era dimenticato che era medico, lì per curare i feriti; si spostava con sveltezza da una posizione all'altra. Inoltre a favore degli italiani c'era la luce, i greci avevano attaccato in pieno giorno.

Gli ufficiali combattenti che prima non avevano dato nessun ordine, si ripresero, spiacenti di non aver avuto alcun piglio militare.

I soldati sono dei bambini, si entusiasmano al gioco della guerra, rincorsero, trucidarono.

Di questo episodio si parlò poi la sera, intorno alle gavette, naturalmente ci furono commenti su quel tenente medico. La voce arrivò anche al colonnello, al generale. Una mattina Turri fu chiamato al Comando. Il generale gli disse delle parole, gli strinse la mano e gli appuntò sul petto una medaglia d'argento. Era un eroico soldato dell'esercito fascista.

Di questo episodio poi Turri ne parlò solo se sollecitato e pronto a sorriderne come avesse giocato un piccolo scherzo al suo tempo. (Ma poi tanto lui che Campi le medaglie vere le ebbero, quelle della Resistenza, Medaglie d'oro.)

I suoceri dunque quella volta, quando annunciò loro i suoi propositi politici-bellicosi per nulla si turbarono, un'anima profondamente cristiana quel loro genero. E ci fu la riprova della medaglia d'argento che certo gli avevano dato per la sua dedizione a malati e feriti.

I mesi battono uno dopo l'altro, nessuno li arresta, e neppure gli avvenimenti.

Turri tornò dalla guerra, se la levò con una piccola ferita.

I suoceri contenti che la figlia aspettasse un secondo bambino, sicuramente bello come il primo. Tutto sorrideva.

Cadde il fascismo e dopo quarantacinque giorni ci fu l'otto settembre cioè la ricostituzione di una più feroce dittatura, i nuovi fascisti stretti alle squadre assassine tedesche.

Il tocco della battaglia era arrivato.

Subito Turri si mise in azione, necessario radunare, organizzare, incitare quelli che all'incirca la pensavano come lui, incoraggiare e dare l'esempio, trovare le armi, era scoccata l'ora, da quanti anni attesa.

Turri non solo fu attivo nel suo paese di Reggio ma corse ad operare a Bologna dove aveva abitato tanti anni e vi conosceva i più accesi politici.

In quei primi giorni non era possibile usare cautela, prudenza, maneggiare quelle che in seguito furono chiamate le leggi della clandestinità. Era necessario avvicinare anche gli incerti, i tentennanti, essere audaci.

I nuovi fascisti erano quelli i veramente velenosi, quelli che durante il Regime avevano dovuto stringere il freno per ragioni politiche.

Per tutte le ore del giorno Turri a cercare affiliati e i fascisti lo rinvennero, era un organizzatore infaticabile e coraggioso e cominciarono a seguirne le mosse, era un nemico della Repubblica di Salò.

Una notte bussarono alla sua porta.

Domandò chi era e poi aprì. I fascisti duri, sprezzanti, violenti.

«Sei uno schifoso italiano, sappiamo la propaganda che fai, cosa tenti organizzare, e che cercate le armi. Ti arrestiamo, imbecille, capirai chi sono i veri fascisti, traditore della patria e dei nostri alleati tedeschi. Vieni con noi, giù con noi.»

Non solo, arrestarono anche la moglie, che era in stato interessante, e lo stesso bambino. Li costrinsero a montare sulla loro automobile. Turri dietro, vicino la moglie Irene, che aveva in braccio il figlioletto sbalordito.

Partirono verso il carcere.

Il fascista che sedeva davanti, presso l'autista, era il più rabbioso. Ogni poco si voltava e accompagnandosi con parolacce, insulti, colpiva nel viso Turri.

Il figlioletto mirava in silenzio, ogni tanto stringeva l'avambraccio del padre.

Per tutto il percorso fu così. Turri per non aggravare la situazione sopportava tutto in silenzio.

Questa scena mi fu narrata dallo stesso Turri e dall'Irene dopo la Liberazione quando ero ospite in casa loro a Bologna, in occasione della mia specializzazione in Medicina Legale.

Mi sono messo a raccontare questa vicenda prima del suo tempo, chissà perché, forse è stato il candore dei suoceri a muovermi le parole.

Turri mi riferì questa sua picchiatura senza rancore. Soltanto commentò con voce pacata:

«Quel che più mi dispiaceva essere picchiato davanti a lei» e indicava Irene, sua moglie, che si mise a mormorare:

«Che giorni in quel carcere, non potevo vedere Aldo, lui nel reparto maschile, io in quelle condizioni e non sapevo come distrarre il bambino, Giusi... Ma le ore più commoventi furono quelle con i miei genitori. Erano venuti a trovarmi, poveri vecchi, non comprendevano perché ero lì, provai un poco a spiegare: come parlassi un'altra lingua. Avevano vissuto sempre a Iesi, in sostanza il paese come un'unica famiglia, sì anche lì i fascisti ma quelli dell'ordine, delle adunate. Seppi poi che i miei genitori andarono a parlare col direttore del carcere e il bello che il loro intervento fu benefico, assicurarono della nostra completa innocenza, i fascisti credettero di avere esagerato. Poi ci liberarono, la prigionia durò un mese e mezzo, ci servì poi per essere attenti, muoverci secondo le regole della clandestinità.»

«Stavamo imparando, i ragazzi devono andare a lezione» sorrise Aldo, Aldo Turri, e di nuovo notai che non conservava odio per quella vicenda, erano le regole del gioco.

Ma riprendiamo il filo. Torniamo a quando mi trovai solo soletto al manicomio di Ancona perché Turri si era sposato e naturalmente aveva portato l'amata nel suo nido di Reggio Emilia.

Solo, soletto, la guerra era ancora da scoppiare.

Solo soletto

Più stretta condussi la vita di manicomio. In città non conoscevo nessuno. A volte la solitudine me la sentivo acuta, dolente, tentavo di scacciarla con lo scrivere e con l'indagare sulla malattia mentale. Ormai sapevo quasi tutto sull'ospedale, ricoverati e personale.

Mi succedeva di parlottare col vecchio cappuccino, anche lui di continuo in ospedale. Una sera mi confessò:

«Che noia mi dettero i sensi. Vede lì, davanti a quell'altare una notte mi frustai con rabbia. Ero perseguitato da visioni, lei capisce quali.»

Era un cappuccino robusto, forte, veniva dal popolo, di famiglia contadina, aveva un volto ben disegnato, la barba bianca. Ci si incontrava spesso nella giornata; si confidava perché aveva intuito che ero un po' come lui. Adesso doveva essere in pace coi sensi eppure qualche volta gli vedevo guizzare nelle pupille una luce, un focherello che subito si acquattava o si spengeva.

In quei mesi stavo sempre coi matti, non avevo altra scelta.

Festa quella mattina che mi vidi arrivare il Campi.

Era passato da Reggio Emilia. All'improvviso aveva detto a Turri:

«Solo ad Ancona! Domattina lo vado a trovare. Vado a trovare Ottaviani.»

Mi raccontò delle sue avanzate in chirurgia, anche lui vita di ospedale, dormiva in una stanzetta vicino alla sala operatoria.

Mi confidò che era stato in Svizzera per tentare contatti con autentici compagni, proprio del Partito, gente d'azione; a Ravenna gli avevano dato segreti indirizzi. Era stato un fiasco, titubanze, sospetti, confusione. Ne era ripartito con nausea.

«Dobbiamo fare da soli, da noi» bofonchiò con quel suo tenerissimo sarcasmo.

E ci fu, mentre l'accompagnavo al cancello, per il viale, il taxi in attesa, ci fu una esemplare sua iperriflessività.

Affettuosamente, mentre si procedeva, l'avevo preso a braccetto.

Ebbe una scossa. Si liberò dal mio braccio. «Non sopporto contatti!»

Sorrisi ricordando certe sue altre iperestesie fisiche, insofferenze, era una natura intricata di fantasia, volontà, abnegazione, e un suo lato di profonda pudicizia e quasi delicatissima femminilità.

L'apparizione del Campi fu come un lampo in una afosa notte d'estate. Ero davvero solo. Unico svago delle sere arrivare in città. Il manicomio distava dal centro circa un chilometro e mezzo. Passavo lungo il porto, di tralice guardavo i bastimenti. Qualche mattina andavo a pescare con un infermiere.

Ad Ancona: psichiatria e scrivere in segreto. Durante i passeggi nella via principale avevo è vero scontrato gli sguardi con una ragazza alta, gli occhi vivi, neri, barlumi di spavalderia ma non mi feci avanti per l'uggia di troppo intricarmi; non ero infiammato d'amore.

I mesi si succedevano e una notte che dalla città tornavo in manicomio, si mise a piovere, ero senza ombrello e l'acqua mi batteva sulla faccia. Mi trovai, cosa per me non frequente, a piangere. Piangevo per la strada deserta sentendomi senza conforto, il futuro torbo di monotonia, la pioggia mia unica compagna.

Col mio popolo in guerra

Nonostante tutto, una prima novità ci fu. Il direttore del manicomio di Gorizia cercava un giovane medico, ma proprio psichiatra, non uno di quelli che pur di trovare un posto si adattavano occasionalmente a star qualche mese coi matti.

Aveva saputo delle mie abitudini, scrisse a me e contemporaneamente al direttore di Ancona, il dottor Paoli. Nelle lettere dichiarava che se andavo al suo ospedale mi avrebbe fatto nominare, nonostante la mia giovane età, primario in quello stesso anno. Avrei ricevuto dalla Amministrazione Provinciale l'impegno della nomina.

Il Paoli ebbe dispiacere di perdermi ma, onesto uomo, mi consigliò:

«Non perda l'occasione, vada.»

Ammucchiai le mie robe e quella mattina che, una valigia a destra l'altra a sinistra, mi ero avviato al taxi, il direttore mi corse dietro, mi raggiunse, mi abbracciò come un figlio.

Mi trovai a Gorizia e constatai come era lontana dalle Marche e ancor più dalla Toscana. Quale diversa storia aveva alle spalle! Con molti ricoverati comunicavo attraverso l'interprete, parlavano croato.

Lo slavismo serpeggiava, si insinuava, si nascondeva,

riaffacciava. Spesso avvertivo un modo di reagire che aveva del selvatico.

Mi gonfiò una grossa vena di nostalgia per l'Italia, che sempre più premeva.

A liberarmene arrivò la *Cartolina Rosa*. Non era passato neppure un mese.

A quel tempo, sotto il fascismo, durante il servizio militare, specie nel periodo di "prima nomina" ci avevano detto e con enfasi ripetuto che all'arrivo della *Cartolina Rosa* immediatamente, nostro sacro dovere, era presentarsi al proprio distretto militare o, per una qualche impossibilità, al distretto militare a noi in quel momento più vicino. La *Cartolina Rosa* era la patria che chiamava.

In quel momento il mio distretto era ad Ancona, non avevo che prendere il treno.

Il direttore del manicomio di Gorizia, che non mi voleva perdere, cominciò a mettere travicelli: «Non si affretti, può chiedere visita, avrà pure avuto qualche disturbo, qui ho buone conoscenze tra i medici militari effettivi...». Insomma voleva spronarmi all'imboscamento.

Mi piacque seguire il destino. Di nuovo feci le valigie, montai in treno, fui ad Ancona. Non andai all'albergo. Come fosse la mia casa mi presentai al manicomio e fui accolto con festa, alloggiato; le suore una dopo l'altra mi vennero a salutare.

La mattina dopo mi presentai al direttore dell'ospedale militare, un colonnello che aveva fama di schiettezza, dirittura, insieme a una profonda bonarietà.

Nelle precedenti ore se ne dovevano essere già presentati parecchi davanti a lui di ufficiali medici con la *Cartolina Rosa* in mano, e tutti si erano dipinti malati, colpiti da morbi che impedivano la vita militare.

Entrai nel suo ufficio. Era in piedi, a fianco della scrivania.

Non ebbi tempo di salutarlo che:

«Anche lei chiede visita? accusa malattie? rifiuta di fare il suo dovere? Si presenti da me domattina. Stanotte rifletta.»

Lemme lemme, come non avessi direzione, scesi le scale. Molti pensieri mi si presentavano e sparivano. Mi trovai fuori.

Davanti alla caserma, da dove ero uscito, c'era uno spiazzo. A gruppetti dei soldati parlottavano amichevolmente tra loro.

Alzai gli occhi. Il cielo era celeste e fresco.

Calò tranquilla la decisione: "Vai col tuo popolo".

Mi voltai, rientrai nell'ospedale, salii le scale, arrivai nella saletta che precedeva l'ufficio del colonnello. Ero ancora in abiti civili, in borghese.

Il maresciallo di servizio bruscamente mi domandò che volevo.

Come fossi già in divisa, con le stellette, lo fissai severo:

«Sia corretto nella divisa» e gli indicai la camicia che per il caldo si era slacciato.

Bussai alla porta del colonnello.

Di là ci fu: «Avanti».

Aprii la porta.

Il colonnello era seduto, stava scrivendo qualcosa.

«Signor colonnello, parto per dove debbo partire.»

Il colonnello sorrise, si alzò, mi strinse la mano.

Accennai a un attenti come già fossi in servizio.

«Lei è destinato in Libia. Partenza fra tre giorni. Vada a salutare i suoi familiari. Sia qui domani l'altro.»

Di nuovo ci stringemmo le mani.

Uscii. Richiusi la porta.

Il maresciallo, che si era riabbottonato la camicia, scattò in un saluto.

Fui di nuovo fuori. Riguardai il cielo. Mi sentii felice.

I diversi fronti ci separarono

Io in Libia, Turri e Campi in Albania. Loro in Albania ma su fronti diversi sì che ce ne volle del tempo per sapere uno dell'altro.

Il Campi fu tenente medico in un battaglione di alpini e si innamorò di quei soldati coraggiosi e ridanciani. Infatti quando entrò nelle formazioni partigiane si scelse come nome di battaglia *Montagna*, nome che echeggerà per le campagne e i monti intorno a Belluno nel periodo della Resistenza, nome giunto alle orecchie anche dei tedeschi.

Turri fu, come ho detto, tenente medico in un reggimento di fanteria, di fronte ai greci.

Per sapere qualcosa di lui scrissi a sua moglie Irene, a Reggio Emilia. Naturalmente misi il mio indirizzo libico.

Una mattina, in Marmarica, nel sole abbacinante, mi arrivò una lettera di Turri, mi elencava le sequele albanesi, e mi raccontò anche della visita del Campi.

Il Campi era riuscito a raggiungerlo, in Albania. Aveva saputo che l'amico e compagno Turri era proprio lì, in quella terra. Allora domandò, insistette; infine gli concessero il permesso di andarlo a trovare.

Usando le sue gambe, mezzi di fortuna, chiedendo

indicazioni, giunse e cioè piombò nella tenda di Turri che mai si aspettava l'apparizione dell'amico.

Questo rischioso viaggio del Campi non era stato mosso soltanto dall'affetto. C'era stata una segreta molla: il testamento.

Anche nella sua zona di guerra molti soldati e ufficiali si stavano togliendo dal cervello le brume fasciste, il barcollamento dell'esercito annunciava il crollo del Regime. E allora, stavano per sorgere le attese albe?

E se lui, Campi, moriva tra quei monti? In questo caso si sapesse, fosse Turri a testimoniare: la sua mente, i suoi affetti sempre erano stati dediti ai compagni, l'ultimo suo sguardo era stato per il sogno comunista. Ogni volta che si fosse alzato il suo nome, Turri testimoniasse.

Turri ascoltò il tumulto nell'animo dell'amico rivoluzionario e lo rassicurò.

«Ma tu non muori» sorrise. «Presto ci ritroviamo in Italia, e comincerà la nostra battaglia.»

Il Turri era ben diverso

Turri era ben diverso, durante lo studio di una situazione allontanava ogni suo privato sentimento, diveniva soltanto attenzione, analizzava, paragonava, velocemente riesumava analoghe situazioni, sommava, sottraeva. Ecco, all'ultimo, il risultato.

Intanto, in quei momenti, il volto di Turri prendeva una particolare espressione, le pupille gli diventavano immobili, non vi serpeggiava alcuna luce, e, quando il risultato era per essere emesso, neppure le palpebre battevano più.

Turri era lo storico della realtà che intorno si muoveva.

Per di più Turri aveva la pelle bianca, il volto sempre pallido. Questo suo colorito, aggiunto alla immobilità delle pupille, delle palpebre, di tutto il viso, marcava ancora più la sua dedizione, la disposizione a mirare le cose del mondo, e solo quelle; i sentimenti, ogni emozione in quegli istanti giù, dentro un pozzo.

Anche da studente, durante l'università si poteva indovinare questa sua attitudine; in seguito sempre più apparve evidente. Quando comandò la Settima Gap diventò leggendaria, qualsiasi cosa scoppiasse presso di lui, lui immobile a seguire i calcoli, a pesare i dati che doveva in quel momento manovrare.

E quelle pupille furono anche contemplate da chi era in attesa della sentenza, il processo presieduto da Turri.

La Settima Gap bolognese (*settima* perché altre sei operavano nella regione) eseguì ogni sorta di imprese, audaci, imprevedibili, anche crudeli, spietate. A questo portano le guerre civili.

Ebbene, l'imputato di solito ammutoliva, capiva che in quelle pupille non abitava pietà, misericordia, neppure cattiveria, odio, neanche sete di vendetta, mai quelle pupille avrebbero accettato furberie, tresche, patetiche richieste di grazia.

Da quelle pupille fluivano soltanto le leggi.

Le passioni c'erano state in passato, gli infuocati fantasmi. Adesso c'era la realtà, eravamo sul campo di guerra, dare e avere, si combatteva per vincere.

Intorno a Turri c'era un'aura che gli altri comandanti non avevano; dipendeva anche dalle sue precise previsioni, che sempre si avveravano.

Era Turri, da solo, che studiava l'azione, la prossima azione, lui a scegliere gli uomini adatti, a prepararli, a spiegare le diverse mosse:

«...a questo punto devi essere pronto a sparare ancora. Un'aggressione ti può venire solo di qui, da destra. Se tu fuggi è la morte, devi stare fermo, il dito sul grilletto...» e così via, ogni particolare già vissuto.

Ogni volta tutto quello che Turri aveva previsto succedeva e i gappisti, in esaltazione per la buona riuscita dell'operazione, vedevano nel Turri quasi un potere sovrannaturale, e l'amavano.

Nelle pagine seguenti mi soffermerò con più calma sulla Settima Gap, cercherò con qualche esempio di spiegare meglio, ma ora, perdonatemi, non ne posso fare a meno, debbo tornare col Campi, almeno quel poco, quando mi venne a trovare a Firenze.

Tornare col Campi perché quella fu l'ultima volta.

Poi non lo vidi più.

Si torna in patria e il Campi mi viene a trovare

Tutti e tre dunque in teatri di guerra diversi, successe così a tanti italiani.

Rimasi in Libia mesi e mesi; Turri ebbe una lesione all'orecchio e fu rimpatriato. Di questa menomazione mai Turri mi specificò, me ne ricordavo soltanto quando mormorava: «Mi metto da questa parte che sento meglio».

Il Campi rimase in Grecia per tutta la guerra. Con gli alpini era stato un bell'incontro, oltre un simile carattere c'era l'accordo per le canzoni.

Mai ho udito un altro svelare come il Campi i sentimenti del popolo con parole canticchiate. Il Campi le tingeva di intima amorevolezza, le ripeteva a se stesso, se ne beava, si indovinava in quelle nenie e nelle parole pronunciate con chiarezza l'innocenza e la grandezza del popolo. Quelle su Garibaldi e su Anita erano le più seducenti, Garibaldi che fugge, Anita che muore, nella pineta, le altre donne intorno, le romagnole, il dialogo, le confessioni.

Se il Campi faceva una pausa, si soffermava, io lo pregavo: «Continua».

Il Campi allora era come si destasse. Si ammutoliva, si abbuiava in volto quasi avesse fatto uno sbaglio a così abbandonarsi. Era forse una femminuccia, che si emozionava per due versetti?

Riluttava il Campi a snudare la sua anima, che aveva nascoste candide venature. Il Campi considerava questo un difetto, debolezza per un rivoluzionario.

Turri, come ho detto, era diverso. Nelle libere pause gli piaceva beffardamente dilettarsi sulle italiane realtà. Per esempio, quando io ero ancora in Libia, e lui già rimpatriato, mi scriveva e nella busta quasi per disavvedutezza mi infilava un pezzo di giornale nel quale c'era la lunga pubblicità delle belle villeggiature, dove si indicava la ottima cucina, meravigliosi paesaggi, tutte le amenità.

Ricevevo queste lettere in Marmarica, in un sole abbacinante, durante la notte nella nostra baracchetta chirurgica erano morti dei giovani. Rimanevo col foglio del giornale in mano, ritratto della mia patria, a chi tocca tocca, nota la furbizia, ignoto l'onore, chi può fugga.

Quello era un regolarissimo pezzo di giornale, era l'Italia, quella vera, giustamente la censura lasciava passare.

Così col Turri continuavo a dialogare, mi diceva che fatalmente, presto, si sarebbe frantumata una nazione talmente superficiale. Stessi allegro, era per venire il nostro tempo.

Anch'io tornai in Italia, il Campi mi aveva preceduto di un mese. Adesso eravamo tutti e tre reduci. Ci rivedemmo.

Avevamo poca voglia di discutere, l'avevamo fatto in passato. Invece desiderio di agire. Ma cosa? Non sapevamo come. La guerra tristemente continuava. Eravamo nei primi mesi del 1943.

Di quel tempo appunto mi riluce la visita che il Campi mi fece a Firenze. La riferisco per lumeggiare in quel che posso la personalità di uno che quando capitò fu capace di immolarsi.

Ero in licenza di convalescenza al mio paese, a Viareggio, in attesa se mi davano o no la pensione di guerra. Mi cominciai ad annoiare, i manicomi erano privi di medici per i richiami alle armi. Mi presentai al direttore dell'ospedale di Firenze. Fui accolto, mi dettero un reparto, una stanza al terzo piano, sotto il tetto. A Firenze avevo amici letterati, il pittore Rosai.

Stetti a Firenze alcuni mesi, in letizia. Al manicomio me la sbrigavo presto, avevo tutto il giorno per i miei diporti.

A quel tempo i manicomi erano ordinati, ogni infermiere vigilante, in ogni reparto viveva l'attenzione; la follia allora esisteva nella sua verità.

Una mattina verso le undici bussò alla mia camera il portiere, aveva il muso preoccupato. Quatto quatto aveva montato tutti e tre i piani, lasciando di guardia in portineria un infermiere, per quei pochi minuti.

«Dottore, c'è giù uno assai strano. Sono salito ad avvertirla. Mi ha chiesto di lei. Gli ho risposto: "Sento se c'è. Si accomodi".

«"Non entro" mi ha risposto secco, e si è messo fermo, in posizione, davanti alla portineria ma al di là del viale, come si preparasse a qualcosa.»

«Va bene, vediamo chi è. Scendo» dissi al portiere.

«Non mi piace punto. Sarà bene che avverta l'ispettore...»

«No... per caso lo conoscessi. Vada pure, le vengo subito dietro.»

Il portiere dubbioso chiuse la porta e si avviò a discendere.

Poco dopo fui giù anch'io. Quando passai davanti alla portineria, alla sua guardiola notai il portiere che seguiva le mosse di quel tale che aveva chiesto di me e non aveva voluto entrare, che era il Campi.

Corsi verso di lui, ad abbracciarlo.

Il portiere ci guardava meravigliato.

«Vieni su in camera. Perché sei voluto rimaner fuori?»

«Non volevo essere notato.»

«Come?»

«Sono qui in missione politica.»

«Vieni su. Mi devo cambiare. Poi si va a mangiare insieme.»

Riluttante il Campi mi seguì.

Gli dissi che il portiere si era allarmato dei suoi modi, ma non mi dilungai perché mi ascoltava incredulo.

La fantasia in accensione lo aveva consigliato alla rovescia. In quella portineria di ospedale non c'era nessun suo nemico, nessuno in appostamento, ma lui li aveva immaginati.

«Ti devo parlare.»

«Dimmi.»

«Mi manda il Partito.»

Capii quale. «Con che compito?»

«Per domandarti se vuoi collaborare con noi.»

«A cosa?»

«Dovresti riferire su tutti i letterati di Firenze, cosa pensano, che contano di fare, le qualità, che dicono, tutto. Riferire ogni quei tanti giorni.»

Così dicendo il Campi era quanto mai teso.

Stetti un po' in silenzio. Mi ripugnava fare la spia.

«No» dissi. «La mia risposta è no.»

Il Campi emise un lungo respiro di liberazione. Fu incredibile come divenne allegro e spigliato. La sua missione era finita, nessuno più lo appostava, tornato un comune cittadino. Rifù normale. Nessuno più lo perseguitava, imprigionava, neppure la polizia fascista, l'Ovra.

Si scese insieme. Salutò amichevolmente il portiere, con scioltezza. Si voltò un momento per ripetere il saluto. Ce ne andammo gioiosi a mangiare.

Il portiere rimase a bocca aperta, che avessi un tale amico. Di più si sarebbe sbalordito se avesse saputo che il Campi si era comportato così "per non essere notato".

E perché non ricordare un altro piccolo episodio, per bocca questa volta di una ancor giovane donna di servizio, sempre per lumeggiare una personalità non comune?

Eravamo al Corso allievi ufficiali medici – sempre noi tre, Turri, Campi ed io – e avevamo preso in affitto una stanza. Ci serviva per la biancheria, per ripulirci con agio durante la giornaliera libera uscita.

La camera era piuttosto grande, in via Ghibellina, davanti al teatro Verdi e pertanto i padroni affittavano altre loro stanze ad artisti del Varietà.

Avevano una donna di servizio, assai giovane.

Un dopopranzo per qualche sua moina, capii. Garbatamente accondiscese.

Nell'intervallo si diffuse con calore su i miei amici, innanzitutto le interessava il Campi, che non pronunciava verbo, la comandava a cenni, un uomo per lei incomprensibile.

Ma dopo qualche giorno che la riavvicinai, sbottò ridendo:

«Il tuo amico Campi! Ha suonato il campanello, sono entrata. Lui è nudo in mezzo alla camera, con l'affare in mostra.

«Me lo ha indicato in silenzio. Non ci crederai. Mi sono trovata in ginocchio a ubbidirlo.

«Infine ho alzato gli occhi, la funzione finita. Lui mi ha accennato di andarmene. Ha fatto col dito così. Eppure mi è simpatico, come mi è simpatico! Non me ne è mai capitato un altro simile e sì che ne incontro, con tutti questi artisti di Varietà che frequentano la casa.»

Il Campi venne a trovarmi al manicomio di Firenze, e poi non lo vidi mai più.

Mai più.

Addio Campi

Stemmo lontani, senza sapere uno dell'altro, più di due anni.

Tutti e tre partecipammo alla Resistenza. La nostra logica, i nostri discorsi, le speranze, gli ideali che si erano immaginati prendevano corpo, si facevano carne (e morte).

Noi in Toscana finimmo prima; agosto-settembre 1944. Eravamo al di qua della Linea Gotica, gli Alleati arrivarono da noi e poi si fermarono.

Di là, in Liguria, in Emilia, al nord a Belluno, dove il Campi si trovava, le azioni continuarono, con sempre maggiore ferocia.

Quando l'Emilia fu libera, e poi tutta l'Italia, noi eravamo già da diversi mesi a tu per tu con la democrazia, la libertà, i nuovi modi, i partiti.

Provai a prendere contatto col Turri. Da Reggio Emilia non ci fu risposta. Del Campi sapevo solo che, chirurgo a Trento, era dovuto fuggire e aveva trovato rifugio a Belluno. Nient'altro di lui. Del Turri nulla.

All'inizio di autunno in un dopopranzo del 1945, vicina la sera, ero nella mia cameretta del manicomio di Lucca: un letto, la scrivania, un esiguo scaffale di libri.

Si aprì la porta, si spalancò. Ero seduto su una poltroncina. Turri era pratico del luogo. Era arrivato, aveva oltrepassato il portiere, andato avanti sicuro. Il portiere non riuscì a stargli dietro.

Insieme al Turri c'erano altre tre persone, una senza un braccio.

Spalancata la porta, mi fissò:

«Il Campi è stato impiccato. Io ho comandato la Settima Gap. Tu cosa hai fatto?»

Ci abbracciammo. Quasi subito capii che grondava sangue, era venuto con tre dei suoi uomini, erano diretti a Roma. S'innalzarono fitti gli avvenimenti, uno all'altro intersecati, il nostro Campi vi appariva di continuo, con la corda al collo, le torture del tenente Karl. Al Bosco delle Castagne era stato impiccato.

Turri e i tre erano venuti con l'automobile. Proposi di andare a cena.

Qualche volta ero già stato da Stipino, una trattoria lucchese alla periferia, campagnola, garbata; tutta la famiglia, dai nonni alle nuore lavoravano per quella mensa. Ce li portai.

Occupammo quella stanzetta che aveva un unico tavolo.

Come succede quando si è ancora giovani, facilmente si insinuò la distensione. Di primo acchito non era stato possibile per i sentimenti che ancora pullulavano violenti, per la così recente malvagità che ancora permeava tutti noi.

Si attenuarono, iniziata la cena, gli accenti; il tema però rimase lo stesso per tutta la serata.

Turri, per i tanti ricordi che avevamo insieme avrebbe voluto stare con me a tu per tu, sussurrarmi questo e quest'altro, ma non era facile. I suoi tre soldati lo chiamavano di continuo in causa. Rievocavano il tale episodio; al solito il massimo testimone era stato lui, e allora: «*Iacopo!*» che tale era il nome di battaglia che Turri si era scelto.

Turri con un cenno avvertiva la non gradita interruzione e quei tre si zittivano, le ultime loro parole impallidivano, morivano.

Mi era chiaro che di Iacopo, di Turri, avevano paura, troppo vicine erano le azioni partigiane, gli ordini privi di misericordia, perché la suggestione del capo si troncasse anche se la guerra era finita.

Infatti di lì a poco, sdimentichi, riabbracciati dal fatto che rievocavano, di nuovo si alzava: «Iacopo!». Era quasi una implorazione.

Quello senza un braccio era un camionista e adorava Turri. Mai, mai l'aveva visto tremare, mai incertezza. In un momento che Turri parlava con uno dei tre mi avvicinò la bocca all'orecchio e: « ... gli cadevano le bombe vicino ed erano fiocchi di neve, lui già prima sapeva quel che sarebbe successo...».

Oltre questi tre gappisti che Turri aveva portato con sé, quasi ancora umidi della divisa militare, c'era anche un altro. Si chiamava Cicconi, nulla aveva del popolano, garbato in ogni mossa, disposto al sorriso; e se ne stava zitto.

Aveva partecipato alla Resistenza – poi seppi – per sue intime passioni e presto aveva palesato delle qualità: organizzatore nato, politico e amministrativo, esperto nel condurre missioni delicate e insieme coraggiose. Era lui a stabilire gli orari, fissare gli appuntamenti, tenere i conti, insomma un segretario prezioso.

Durante quella cena che si svolgeva nella trattoria lucchese ancora Cicconi non si era rivelato ma dovetti notare che era attento a tutto.

In seguito ritroveremo il nostro Cicconi, gentiluomo di Reggio Emilia.

Quella sera ogni tanto anch'io risvegliavo miei ricordi ma era ben chiaro che loro erano stati costretti a una ben più dura battaglia, disperata, durata diversi mesi più di noi, in certi periodi in una situazione da naufraghi, abbandonati da quasi tutti, intorno a loro tutti dichiaratamente ostili o per lo meno molto guardinghi.

Poi, nel tempo che seguì, lo stesso Turri con calma mi descrisse come si svolsero numerose vicende, ma in quelle prime ore succedeva loro come chi torna sudato dalla battaglia, perplesso di essere salvo e con sotterranea gelosia, vaga invidia mescolata ad ammirazione per chi è caduto. Mi pareva di captare, tra una parola e l'altra, che aveva vissuto dentro di loro l'eroismo o per lo meno erano stati presenti, avevano assistito quando l'eroismo si dimostrava ovverosia cantava.

Spero in seguito di riferire con adatte parole qualche episodio di Turri.

Turri quella sera, in una pausa mi mormorò: «Domani andiamo a Roma. Perché non vieni con noi?».

Mi seduceva quel viaggio.

«Sì» risposi. «Domattina provo col direttore.»

Avevo organizzato che tutti e quattro dormissero nell'ospedale. Avevamo molte stanze vuote. Il direttore in carica non c'era mai, tutto dedito alle visite private, per sostentare la numerosa famiglia. All'ospedale facevo tutto io, non mi era difficile disporre per l'ospitalità di questo e di quell'altro.

La mattina di poi, fattomi svegliare prima, telefonai al direttore:

«Ma sì, vai pure, stai quanto vuoi, divagati. Levati infine un po' dall'ospedale.»

«E qui...?»

«Niente, niente. Ci penso io.»

Il direttore era un sorridente scettico, mai più affaccendarsi, indagare sulla follia, sui matti. Bastava che non travalicassero.

L'ospedale dunque, lo sapevo, rimaneva in balìa di se stesso, ma ero tranquillo. A quel tempo si poteva contare sulla serietà e competenza di ispettori e infermieri.

Con la brigata partii per Roma. Da tanto non mi muovevo dalla Lucchesia.

Fu una felicità, avevamo una selva di avvenimenti da mettere in ordine. Ce n'era per muovere l'immaginazione, la fantasia sul domani, sul prossimo futuro.

Partimmo la mattina, una giornata col cielo fresco. A Livorno Turri e i suoi uomini avevano un appuntamento col filosofo Galvano degli Albizzi, che fu puntuale.

Non erano nemmeno le undici che, unanimi, sventati come bambini che hanno marinato la scuola, si decise di andare a mangiare. Si scoprì una trattoria. Il padrone rispose sorridente: «Ma sì, volentieri. Mettetevi a tavola».

L'Italia veniva da una povera guerra, da stenti, pane e companatico misurato. Noi superstiti avevamo da placare una lunga fame. Mi ricordo con che avidità e spensieratezza ci saziammo, parlammo, descrivemmo le nostre brame come se davvero fossero in procinto di tramutarsi in realtà.

Anche il trattore aveva bisogno di gente come noi, da sfamare, da far pagare.

I miei amici erano in missione. Ogni volta che arrivava il momento del conto il nostro amabile segretario Cicconi, il possidente di Reggio Emilia, si alzava, cavava studiatamente il suo taccuino, annotava, regolava. Eravamo come agenti di un importante servizio.

Il filosofo Galvano degli Albizzi era un incanto; aspirava a divenire il filosofo ufficiale del partito comunista, era marxista, profetava il materialismo e a trovarsi in mezzo agli eroi, ai combattenti per il proletariato, a trovarsi innanzitutto vicino a Turri, del quale sapeva le gesta, era in commozione.

Mentre si intrecciavano le parole venne fuori che Galvano degli Albizzi possedeva una villa, era nobile, di antica famiglia. Mi piacque domandargli dei suoi luoghi, dove erano i possedimenti, quali le gesta dei suoi antenati.

Sempre più il filosofo si diffuse sulla sua famiglia. Ogni frase dava maggior calore alla seguente. Noi stessi cominciammo a prender gusto per argomenti così diversi.

Eravamo stufi di odî e di vendette. Un sospiro di liberazione. Ci voleva anche il gioco, il divertimento, la commedia, la beffa. Mi trovai in mano la bacchetta. Turri aveva già assistito in passato a mie giocolerie.

«Sì, sì...» sospirai come rapito, sostituendomi al buon Albizzi: « ...Ecco, è notte. Attraversi le deserte stanze, chiami i tuoi antenati. Scendono dai quadri lungo le pareti... Eccoli intorno a te. Hanno le chiavi in mano, te le offrono, i loro tesori, sono tuoi». E continuai: « ... Ascolta il fruscio delle sete, ondeggiano le trine. Tutto ritorna. È ritornato. Eccoli, sulle loro poltrone, si riassestano; sanno tutto di te, in te confidano, ti hanno seguito, ti sorridono. Hai in mano tutte le chiavi. Quante ...»

« ... Sì, bello ... come sarebbe bello... » sussurrò il filosofo guardando davanti a sé, quasi ipnotizzato e sorrideva come davvero gli sfilassero li antenati che erano scesi dai quadri.

Era una commediola da poco, eppure la brigata assisteva benevola, desiderava distrarsi, un po' di riposo, stare un poco lontani dal piombo della guerra civile. Nessuno sottolineò che il marxismo di Galvano degli

Albizzi, del filosofo, era rotolato sotto le sedie. Nessuno se ne dolse.

Riprendemmo tranquilli il viaggio verso Roma.

Arrivati a Roma, sistematici in albergo, Turri mi fece cenno, mi voleva riferire tutto quel che sapeva sul nostro amico Mario Campi.

Ci appartammo.

La Sandrina era stata anche al Bosco delle Castagne e aveva parlato con quanti aveva potuto. La Sandrina era la madre del Campi, da lui adoratissima anche se le comunicazioni con lei erano delle esplosioni. Per esempio la mattina, mentre si preparava per gli esami, si alzava, apriva la porta della camera, cioè la sbatteva contro il muro e gridava verso giù, verso la cucina dove la madre era in attesa.

«Sandrina! una braciola!»

Il Campi la mattina, da romagnolo, non il caffè e latte, ma un pezzo di carne si mangiava.

Questi suoi modi di burrascosa villania erano solo per nascondere la tenerezza che aveva per sua madre. Per non mettersi a piangere lanciava ordini assoluti.

La riprova ci fu nel carcere di Belluno, quando il tenente Karl lo torturava.

Succedeva che poi lo ributtavano in cella. Un altro detenuto era incaricato delle pulizie e entrò in confidenza con lui, insieme si parlavano.

Fu proprio questo detenuto che poi raccontò quanto spesso il Campi ricordava sua madre, con quanta commozione ripeteva il suo nome.

Il padre del Campi era elettricista, uno tendente al mutismo, la Sandrina invece volentieri cicalava.

Quando dunque arrivò la Liberazione, la Sandrina attese il figlio.

I giorni passavano nel silenzio e, venutole un sospetto, nascendole un'ombra che ingigantì – sapeva dove il figlio aveva fatto il partigiano, a Belluno – preparò pochi indumenti, e lei, di solito prona, in ubbidienza, in due parole comunicò al marito che partiva:

«Vado a trovare Mario.»

Giunse a Belluno. Seppe ogni cosa. Parlò con tutti, con quelli del carcere, con i compagni, e arrivò fino al Bosco delle Castagne dove il figlio era stato impiccato, toccò gli alberi.

Poi arrivò fino a Trento dove il Campi era stato chirurgo. Anche lì domandò di suo figlio: da tutti amato.

Mi precisò Turri che il Campi tornato dall'Albania aveva ripreso servizio all'ospedale di Trento. Con quelle sue mani forti e insieme da pianista, con la sua resistenza fisica, l'ottima preparazione scientifica, si era dimostrato quel che si dice: chirurgo nato.

Soltanto che la passione politica, la religione comunista, lo aveva spronato alla propaganda, a cercare adepti, a parlare con gli umili, e sul suo nome si muoveva un sospettoso brusio. Quando scoccò l'otto settembre fu avvertito che c'era probabilità di arresto, si nascondesse, sparisse.

A Belluno avevano bisogno di un commissario politico. Il Partito lo avviò a Belluno.

Il Campi, col nome di battaglia *Montagna*, cominciò a organizzare nella zona del Piave, dalle due rive, destra e sinistra.

Se non che era chirurgo e la notizia si diffuse. Quando c'era un malato grave: «C'è quel partigiano chirurgo! Montagna». E lo chiamavano.

Il Campi faceva tutto, ingessava gambe, portava alla luce bambini, liberava da ernie strozzate, da appendici infiammate.

Insomma per quelle montagne corse la voce di lui che, chiamato, arrivava e interveniva.

Fu questa la via della tortura.

Accadde che essendo commissario politico fu convocato a Belluno per una riunione.

La fantasia del Campi, lo si sa, facilmente si infuocava. Probabilmente questa gita comandata, dormire in un luogo da lui non scelto, gli avrà suscitato immagini, le tante possibilità che gli potevano calare addosso. In primo: imprigionarlo, come accadde.

Dormì in un casamento che era adibito dal Comitato di Belluno per ospitare gente di passaggio e, a loro insaputa, per l'andirivieni che c'era stato di persone con volti sconosciuti, questo casamento era caduto in sospetto alla polizia, messo sotto mira.

Alle due di notte entrarono nella camera. Il Campi fu svegliato. Si vestì, fu accompagnato in questura.

In caso di simile incidente si era preparato delle spiegazioni, che era medico, di passaggio, piene le camere degli alberghi, e un tale gli aveva indicato quella casa, lì affittavano, per una notte.

Si seppe poi che gli investigatori sulle prime non lo avevano considerato per nulla importante, erano stati persino in forse se subito rilasciarlo. La città era piena di borsaneristi, trafficanti che gironzolavano per campagne e città, per acquistare cibi, barattare preziosi, faccendieri sempre esistiti durante le guerre, nei brutti frangenti.

Se non che sopravvenne il caso maledetto.

Mentre l'agente, il questurino, lo interrogava, e lo interrogava placidamente, entrò nella stanza un suo collega che aveva visto Montagna, proprio lui, Montagna, in un casolare.

Questo agente lo aveva visto scendere da una scala di legno proveniente dalla camera dove una donna aveva dato alla luce un bambino.

Montagna gli era passato davanti diretto all'acquaio per lavarsi le mani insanguinate.

Si era soffermato altri pochi minuti in quel casolare, ripetendo i consigli.

L'agente, che era in perlustrazione, di più simulò di essere lì soltanto per la borsa nera, comprare roba dai contadini. Appena indovinato che quello era Montagna si era rincantucciato, messosi di più in ombra.

Dopo che Montagna andò via ci furono i commenti, la gratitudine che quei contadini avevano verso il chirurgo partigiano. Impossibile portare la figlia, già con le doglie del parto, fino a Belluno, sarebbe morta per la strada. Montagna, chiamato, era sceso subito.

«Non ha voluto nemmeno il caffè!»

L'agente, in servizio di spionaggio, raccolse più notizie che poté, valutò quello che Montagna doveva essere, un capo, ne parlavano con reverenza, ed era venuto fuori che era in dimestichezza con il sindaco, con altri notabili del luogo. Doveva essere all'incirca un commissario politico, da come si intratteneva con la popolazione.

Il poliziotto riferì tutto giù, a Belluno, che ne avevano già notizia:

«Sì, lo sappiamo. Si fa chiamare Montagna. Ci hanno detto che ha l'accento emiliano.»

Appena quello stesso poliziotto entrò nella stanza dove il Campi era interrogato, immediatamente lo riconobbe.

Toccò la spalla del collega, gli bisbigliò l'importante

notizia. Fu chiamato il brigadiere. Subito dopo entrò il comandante.

Cominciò il ballo che doveva terminare con il dondolio sotto un albero del Bosco delle Castagne.

L'interrogatorio si fece presto rovente e il Campi fermo, essendo nella sua natura di trovare la calma, la determinazione, quanto più le cose diventavano aspre e chiaramente pericolose.

Non c'erano dubbi, il Campi era piombato sulle forche, la sua fantasia ora con le ali inutili, mozze. Adesso era fronte a fronte alla realtà come quando era al tavolo operatorio che d'un tratto ritrovava la mano ferma e insieme serena la testa, ogni mossa consigliata da un giusto giudizio.

I poliziotti di Belluno durarono due giorni a interrogare il Campi, ma di risultati nessuno. Allora il comandante pensò di scaricarlo ai tedeschi.

«Abbiamo arrestato un capo partigiano, probabilmente è il commissario politico della brigata Mazzini, quella che in pratica ha in mano molti tratti delle rive destra e sinistra del Piave. Volete occuparvene voi?»

I tedeschi per le loro brutture si servivano delle caserme del V Reggimento artiglieria; ne avevano trasformata un'ala in prigione e la usavano per i detenuti politici.

«Ci pensiamo noi» e se lo vennero a prendere.

Annusando i tedeschi che questo Montagna ne doveva sapere di cose dettero l'incarico a uno specialista in torture, un altoatesino, il tenente Karl.

Questo sorrise quando ricevette l'ordine. Avrebbe pensato lui ad accarezzarlo con ogni misura, in poche ore avrebbe sputato tutto. Di quella zona del Piave, destra e sinistra, si sarebbe conosciuto ogni metro, precisi i numeri, esatti i nomi e i cognomi.

Il tenente Karl cominciò. Eseguì tutte le gamme.

Potente musicista tedesco, ottime le sue strutture, ma il Campi non cantò.

Usò le percosse, l'elettricità sui punti più delicati del nostro corpo. L'elettricità cresceva ogni volta di intensità, particolarmente su i genitali.

Il Campi a una certa ora disse: «Io difendo la mia patria, tu usa pure questi mezzi per la tua».

Il Campi dopo ogni trattamento veniva gettato nella sua cella, dove non c'era giaciglio, gettato sul pavimento e scarsissima l'acqua e il cibo.

Poi si seppe tutto per mezzo di Conego, anche lui detenuto politico, usato per i comuni servizi. Ogni giorno, dopo il trattamento, poteva penetrare nella cella del Campi e udire le sue parole, che narravano le sevizie subite.

Poi Conego, Igino Conego, riferì tutte le parole e gli aspetti del Campi, che un poco sollevava il viso dal pavimento e, come parlasse a se stesso, si rivolgesse alla sua ombra, alla sua figura, che era diritta in piedi, invocava:

«Non parlare, resisti, muori ma non tradire i tuoi compagni.»

Il detenuto politico Conego udiva e vedeva, dentro gli si incidevano parole e immagini.

Il tenente Karl si arrabbiava di non riuscire nella sua mira di far confessare al Campi i nomi e i luoghi, ogni segreto dei partigiani. E allora escogitò un ultimo mezzo che stimò fosse risolutivo.

Davanti al Campi arroventò su un braciere un ferro appuntito, un punteruolo, una specie di volgare stiletto e, così rosso, lo penetrò in un ginocchio del Campi.

Girò, avvitò il ferro fino ad arrivare, penetrare nell'articolazione.

Gemeva, disperato di dolore il Campi, ma non parlò. Disse soltanto:

«Uccidimi.»

«No» rispose il tenente Karl. «No. Parla.»

Quella prima volta del ferro rosso finì. Sul far della sera il Campi fu rigettato sul pavimento della sua cella.

Questa volta Conego, Igino Conego, quando fu il momento delle pulizie e gli aprirono la cella del Campi, questa volta non udì alcuna parola. Il Campi respirava lento, la bocca a baciare il pavimento.

Il tenente Karl continuò con il ferro nel ginocchio nei giorni seguenti, e naturalmente si presentò la cancrena.

Allora il tenente Karl provò un altro mezzo: riassaporasse le bianche lenzuola, il soffice materasso, il caldo dei cibi. E lo trasferì all'ospedale di Belluno, all'ospedale civile.

Qui seppero che era medico, chirurgo di Trento, le suore lo vegliarono e poi ecco perché a lungo narrarono alla Sandrina, alla madre del Campi, quando venne a trovarle, come si era comportato, perché sembrò loro un martire cristiano. Infatti il Campi mormorava semplici parole, non inveiva contro nessuno, neppure emetteva gemiti di dolore. I suoi occhi, che aveva neri e belli, dai suoi grandi occhi un raggio di pietà, sì che le suore si passarono, si scambiarono le impressioni, e accadde che una era pronta a sostituire l'altra nell'assistenza, profondamente attente a ogni gesto, a ogni espressione del Campi.

Stette quattordici giorni nell'ospedale così assistito, la cancrena ancora minacciando di invadere l'intero arto, tutta la gamba.

Quattordici giorni, quando il tenente Karl lo rivolle per sé.

Il Campi si ritrovò gettato sul pavimento di una cella. Ancora il detenuto Conego entrò per le pulizie.

Il tenente Karl di nuovo introdusse e girò il ferro arroventato nella piaga e si divertì a stuzzicare l'articolazione, in basso, in alto, un poco al lato destro, al lato sinistro.

Il Campi non parlò, non tradì, la sua anima sempre più pura.

E ci fu l'ultimo tentativo.

Il tenente Karl fece legare il Campi a una scala di legno. Il Campi sdraiato per lungo, le diverse parti del suo corpo poggiate, aderenti, legate ai successivi gradini.

Così legato, stretto alla scala, ordinò che il Campi fosse situato lungo il fianco, la parete esterna, la sponda di un camion sì che l'autocarro, passando per una strada, attirasse bene l'attenzione per quella persona lì, per lungo, legata a una scala.

Allora, il camion uscì dalla caserma di artiglieria.

Lentamente attraversò le vie di Belluno, le vie centrali, diretto al Bosco delle Castagne, una località non distante da Belluno, così chiamata dagli alberi, dai castagni.

Questo autocarro, col Campi legato orizzontale, seguiva, era l'ultimo di una fila di automezzi dove erano situati e sorvegliati altri giovani detenuti politici, anch'essi diretti al Bosco delle Castagne per essere impiccati; ognuno al suo albero.

Quando gli automezzi arrivarono il tenente Karl era già lì ad aspettare.

Fece depositare la scala, col Campi, legato, presso di lui e poi dette ordine di impiccare gli altri partigiani, che erano nove. Il Campi fu il decimo.

Quando i nove penzolarono il tenente Karl si avvicinò, si chinò verso il viso del Campi, e gli disse:

«Se parli, a te non succede.»

Raccontò poi un tedesco che fu fatto prigioniero, preso dai partigiani, un soldato tedesco che era presente, testimone, in piedi vicino al tenente Karl, raccontò che il Campi sorrideva e diceva di no.

Allora il tenente Karl dette ordine col dito.

I suoi soldati tolsero i legacci, e dovettero portarlo a braccia al calappio perché, per la cancrena, non poteva più camminare. Lo issarono fino al calappio, la corda girò intorno al collo del Campi e allora fu tirato su e presto anche lui come gli altri nove ebbe quel lieve dondolio, il cielo immobile e azzurro sopra tutti e tutto.

Se i tedeschi con una certa fretta rivoltarono i musi dei camion verso Belluno c'era un perché.

Il Bosco delle Castagne era una specie di margine, di fluttuante linea di confine tra zona partigiana e il territorio in pieno dominio dei tedeschi.

Negli ultimi tempi, in quei due ultimi mesi, i partigiani si erano fatti più forti. I tedeschi erano sì ancora fanatici ma per tutti i temporali di guerra che sopra loro si erano rovesciati non avevano più quell'assolutezza, erano come frastornati.

Avevano voluto dare una lezione ai partigiani impiccando dieci loro compagni proprio nella linea di confine, ma non desideravano rischiare sorprese, come già era successo.

Infatti due partigiani erano di scolta, in sorveglianza tra i rami della collina di fronte e si accorsero di ciò che succedeva. Uno dei due corse ad avvertire gli altri, distanti alcuni chilometri.

Se non che i tedeschi furono svelti; fu spacciato in pochi secondi anche il Campi.

Arrivarono i partigiani, un buon gruppo e anche assai bene armati. Corsero agli alberi, tirarono giù i compagni. Per qualche attimo sperarono – cosa che la fratellanza può suggerire – sperarono di trovarne qualcuno ancora vivo. Tutti caddero giù inanimati.

Intanto dai casolari, che erano intorno al Bosco delle Castagne, uscirono contadini, uomini e donne, che avevano assistito all'arrivo dei tedeschi, con quel camion dove c'era un giovane legato sulla sponda. Avevano capito i contadini che succedeva la tragedia.

Furono innanzitutto le donne a urlare, ad abbracciare quei loro possibili figli, a pulire le bocche, a chiudere gli occhi.

I partigiani impiccati venivano dal carcere, vestiti di stracci, seminudi.

Le donne corsero alle loro case, aprirono armadi, cassapanche, dove erano conservati i vestiti neri con i quali i loro uomini si erano sposati. Ne portarono quanti ne avevano, per ognuno ci fu la sua misura.

I dieci giovani furono presto ricoperti col vestito più bello che in quelle rustiche case si conservava. E, tutti aiutandosi, costruirono con rami e lenzuoli, dieci barelle, perché vi riposassero nella veglia funebre, che ci fu, e la mattina, mentre il sole indorava, furono sotterrati, ognuno con la sua croce.

Primi accenni sul ballo della Settima Gap

Col Turri ci eravamo dunque appartati e mi dette le notizie sul nostro amico Campi, quelle che aveva apprese dalla stessa sua madre, la Sandrina, e da partigiani bellunesi, di passaggio da Bologna.

La liberazione da tedeschi e fascisti nell'Italia del Nord era ancora fresca, c'era una forte voglia di riferire ciò che era successo.

Intanto durante quella gita romana che mi aveva strappato al fanghiccio lucchese, rifatto toccare la felicità del mondo, ero stato costretto a constatare, e ogni ora che passava con maggiore chiarezza, quanto Turri – che spesso chiamavano col suo nome di battaglia Iacopo – era considerato un capo, un capo militare, di più, un monarca, che decreta con tranquillità la morte, spenge il respiro dei nemici.

I partigiani che lo accompagnavano profittavano di brevi pause, piccole distrazioni di Turri per sussurrarmi, anche se a smozzichi, episodi di Iacopo, suoi comandi, suoi esempi, e insieme la sua calma, e, ripeto, la predizione degli avvenimenti: sarebbe accaduto così, e così poi era successo.

Il volto di Turri era lo stesso di quando eravamo studenti universitari, di quando eravamo medici al manicomio di Ancona, ma ora c'era con più frequenza quella immobilità dello sguardo, l'espressione di uno che ha frequentato il pericolo, anzi mortali pericoli e mai tremato, deciso invece a calare lui la morte prima che l'avversario gliela lanciasse.

Aveva ora nello sguardo, nella luce del suo pallido viso, la consapevolezza del proprio coraggio, una spietata disposizione contro il nemico ma anche, dolcissima dote, intatta gli era rimasta l'umiltà, la prontezza a chinarsi verso chi aveva meriti, lieto di valutare, rendere omaggio.

In quella gita a Roma, che durò quasi quattro giorni, si stette sempre insieme, il suo recente passato era gremito di vicende.

«Dovresti prendere la specialità in Medicina Legale» improvvisamente mi disse fissandomi; capii che non improvvisava, a questo aveva riflettuto.

«Per i concorsi» continuò «quella sola che già hai, la specialità in Neurologia e Psichiatria, non basta, ce ne vogliono almeno due.»

«Credi?» mormorai.

«Sì. Ti iscrivi a Bologna. Lì, all'istituto di Medicina Legale sono ancora assistente e ti posso dare una mano. In cattedra c'è sempre Berardi, in fondo un brav'uomo.»

«Sento che hai ragione. Verrò a iscrivermi.»

«Abiterai in casa mia. Mettiamo un letto in salotto.»

«Sì» risposi al caro amico.

Percepii che questo di invitarmi a prendere anche la specialità in Medicina Legale era stato quasi un ordine.

In casa di Turri

Rifui nel grigiore di Lucca. Il mio "periodo clandestino", il mio tempo partigiano, era una storia che sentivo distante, l'avrei forse potuta rivivere descrivendola, non una passione in corso.

Su, in Emilia, era ancora tutto pullulante.

Dopo circa un mese ebbi un'altra sollecitazione dal Turri:

«Allora, vieni! Devi iscriverti.»

Partii la mattina e ritornai la sera. Andai a iscrivermi al Corso di Medicina Legale, a Bologna.

L'esame si stava avvicinando. Turri mi consigliò e insistette che era prudente mi facessi vedere, frequentassi l'Istituto di Medicina Legale, mi avrebbe giovato per l'esame. Dovevo stare almeno un mese fisso a Bologna, sarei stato suo ospite, nella loro nuova casa, in via Cà Selvatica, al numero due. Subito dopo la Liberazione la famiglia Turri si era trasferita lì.

«Dormirai in salotto che non usiamo; c'è un divano letto.»

Turri aveva in quel tempo due figlioletti, sani e allegri.

La casa, l'appartamento, era al terzo piano. Via Cà Selvatica non aveva portici, liscia la strada come fosse toscana. I portici erano in cima e in fondo, le strade alle quali via Cà Selvatica era perpendicolare.

Vicino alla porta d'ingresso c'era una nuda osteria: un banco di legno, tavoli tarlati, fiaschi e bicchieri; nient'altro. I clienti erano manovali sporchi di calce, facchini del vicino mercato.

Arrivai alla casa dell'amico. Mi accolsero con semplice festa.

Alloggiai nel salotto, che appunto non veniva usato; si mangiava in cucina.

Irene, la moglie di Turri, era poco adatta ai lavori casalinghi; pelle bianca, le mani esili, laureata in critica d'arte, a fatica conduceva una casa con tre uomini. E io in quei giorni ne ero divenuto il quarto.

Confessava che la mattina portare giù il secchio della spazzatura le era penoso, si vergognava, sperava di non incontrare vicini di casa, correva giù per le scale e di corsa ritornava su. Non lo aveva mai fatto in passato, sempre dedita agli studi.

Ma Turri era inflessibile, a quel tempo tutto comunista, del Partito. Presto ci sarebbe stata la rivoluzione, un tramutamento, tutto sarebbe stato soggiogato da una regola giusta.

Mi accorsi che usava sempre lo stesso vestito e rimasi sconcertato scoprendo che le sue scarpe erano ancora quelle del Corso allievi ufficiali medici, scarponcelli ricevuti in dotazione.

«Le ho ritrovate, le ho fatte risuolare. Credimi, mi vanno bene, e sono anche belle.»

Era assistente in Medicina Legale, lo stipendio certo assai gramo e se Turri non era in miseria certo sull'uscio della penuria; i due bambini non dovevano mancare del necessario.

Una mattina udii tra moglie e marito questo dialogo:

«Ma hai la giacca nuova! di lana, perché non te la metti? È cominciato il freddo.»

«La inaugurerò il primo maggio, il *Primo maggio*! La nostra festa, sia ancora freddo o primavera.»

La moglie Irene seguiva il marito ma non era comunista, partecipava per fedeltà, per l'unione della famiglia, innanzitutto perché dominata dalla personalità del marito. Lei era di distinta educazione, le sarebbe piaciuto lo zerbino alla porta: la donna di servizio apre, nella sala dove si riceve sono sparsi libri e piuttosto preziosi, non arrivano dalle finestre degli schiamazzi.

Eravamo una sera a cena, invitati anche tre fedeli soldati del Turri. Domandai per caso:

«Come avete fatto a trovare questo appartamento? con i bombardamenti chissà che richiesta di abitazioni!»

«Era di fascisti. Padre, madre e una figlia.»

Notai che uno dei partigiani sorrideva con aria sarcastica e sinistra. Gli altri due invece silenziosi, la testa china.

«E allora?»

«Li uccidemmo» intervenne Turri, quasi leggesse la sentenza.

«Li abbiamo uccisi bene» gorgogliò il partigiano di prima, con l'aria di livida beffa. «Li portammo al cimitero. Già sul posto. Buon trattamento. Anche la figlia era stata una ardente collaboratrice.»

Mi sfuggì: «Allora la casa rimasta vuota...»

«Sì, ci entrammo noi. I mobili sono ancora quelli, i loro» spiegò Turri.

"Forse io dormo sul divano, sul letto della figlia..." mi balenò e mi trovai a toccare, scesi con le dita lungo le gambe della sedia, che certo era stata usata dai componenti della famiglia.

«Sì, al cimitero» continuò a diffondersi il partigiano, con quella sua aria, forse lui l'esecutore. «Durante il viaggio non ci furono parole. Nessuna protesta.»

Turri restava placido, una cosa ovvia, che poteva all'incontrario essere capitata a lui, alla sua famiglia.

Fu qui, qui, in questo momento che vidi il volto della guerra civile, non guerra tra popoli, tra eserciti, ma tra quelli dello stesso municipio, con la stessa lingua, dialetto, nati dentro le stesse mura, insieme cresciuti.

Nelle guerre civili c'è una disposizione a figurare l'avversario un pozzo di male, di perversione, si scaccia una possibile sua immagine di bontà, di perdono.

È una legge, ed è per questo che la tortura è una logica risultanza.

Misteriosa la natura umana: appena la guerra civile finisce si tende a dimenticare, a cancellare certe azioni che ci furono, a ripudiare quei tali pensieri e quei tali fatti che invece esistettero, vissero, sì che è difficile poi riferire di quel tempo con precisa misura.

È per questo che sono costretto a un brevissimo riepilogo.

C'era stato il 25 luglio 1943. Quel giorno il fascismo, la dittatura già barcollante anche per i disastri militari, rotolò giù.

Il Re nominò al posto del Duce il generale Badoglio, che resse l'Italia per 45 giorni. L'otto settembre Badoglio firmò l'armistizio con gli eserciti alleati e con il Re scappò via, lasciando l'Italia, cane rognoso senza padrone.

Il fascismo si ricostituì chiamandosi Repubblica Sociale. I fascisti furono alleati e servi dei tedeschi, padroni assoluti di quelle terre italiane dagli eserciti alleati ancora non liberate.

Subito dopo l'otto settembre 1943 cominciò a maturare la *Resistenza*. In certi luoghi il suo vero nome fu: *guerra civile*.

Gli antifascisti che avevano coraggio si riunirono.

Si organizzarono le prime bande partigiane, raggranellando armi, vivendo, per meglio difendersi su per le montagne.

Le truppe alleate lentamente salivano dall'Italia meridionale e cominciarono ad aiutare i partigiani lanciando loro dal cielo, per mezzo di paracadute, sacchi contenenti armi, vettovaglie, denaro e ciò che poteva a quelle formazioni essere utile.

I tedeschi e i rinnovellati fascisti dominavano, imperavano specie per le strade delle città. Subito generarono la prima paura: obbligatorio che i giovani si presentassero ai distretti, dovevano fare il soldato.

Chi non si presentava era un renitente alla leva e quindi da essere punito, arrestato, fucilato.

Diversi giovani chiesero ospitalità ai partigiani, altri si piegarono ai nazifascisti presentandosi alle loro caserme; ancora in quel tempo ben scarsa la preparazione politica.

Le bande partigiane cominciarono a rassodarsi, abbozzi di eserciti. Molti cittadini nelle città collaboravano con i nazifascisti ma nello stesso tempo usavano in segreto qualche favore ai partigiani con l'intento di guadagnarsi dei meriti per quando sarebbe venuta la Liberazione.

Passarono diversi crudi mesi dell'anno 1944.

Gli Alleati intanto avevano spostato la loro mira. Non più l'Italia ma la Francia era adesso il loro proposito. Già occupata la Normandia progettavano di occupare la Provenza.

Il perché di questo cambiamento era in realtà che i tedeschi in Italia avevano costruito la Linea Gotica, una solida linea di difesa che partiva dall'Adriatico e, tagliando a metà l'Italia, arrivava al Tirreno. Partiva da Pesaro e arrivava a Massa. Era una solida linea non solo per le armi tedesche ma per lo stesso terreno quanto mai favorevole con montagne, colline, fiumi, fiumiciattoli, torrenti, tutti gravi ostacoli per un esercito avanzante. E per di più, per tutta la Linea Gotica, lunga 320 chilometri, i tedeschi avevano scavato trincee, fosse anticarro, costruito fortini, campi minati e, naturalmente, le artiglierie e i nidi di mitragliatrici si passavano l'un l'altro la mano.

Attaccare una tale Linea sarebbe stato per gli Alleati una grande usura di mezzi e una grande perdita di sangue. L'esempio di Cassino era recente.

Si avvicinò l'inverno del 1944. I partigiani, sia in città che in montagna, operavano come potevano, ostacolavano le mosse dei nazifascisti sempre più diventando esperti. In certe regioni la popolazione era assai a favore dei partigiani, in altre più restia e quasi nemica.

Turri era anch'egli in una formazione, sulle montagne dell'Emilia, già un capo, il suo nome di battaglia correva.

Ed ecco ci fu, calò dal cielo il proclama di Alexander. Era il 10 novembre 1944. Lo udirono le formazioni partigiane e sorridenti lo ascoltarono anche fascisti e tedeschi. Era indirizzato ai partigiani:

"Cessate le operazioni in grande scala" cominciava e continuava a sottointendere che per il momento non li avrebbero aiutati. Tenessero però le armi pronte e attendessero ordini. Insomma il proclama diceva: sbrigatevela da soli, da voi, come potete.

Ci fu tra i partigiani un nero smarrimento, una forte delusione: "Che fare? Dove andare? Dove rifugiarsi? quali nuovi modi di lotta intraprendere?".

Turri e i suoi non trovarono che di nuovo scendere nella loro città, Bologna, lì combattere, come potevano. Certo era rischioso, la città semivuota e strettamente in mano dei nazifascisti. Non avevano altra scelta.

Ecco come nacque il Gappismo.

Prima difficoltà il domicilio, dove alloggiare, trovare una casa.

Turri ne scelse una vicino alla stazione, località sì pericolosa perché obiettivo di bombardamenti aerei, ma adatta per il suo lavoro, le case intorno diroccate e disabitate; difficile la polizia pensasse che qualcuno ancora lì abitasse.

Turri portò in quella casa la moglie e i due bambini.

All'incirca come lui si condussero gli altri partigiani della sua formazione. Chi si rifugiò nella propria casa, chi si sistemò presso un parente, chi si adattò in un semibugigattolo e ci furono quelli che non se la sentirono di continuare e zitti zitti si ripresentarono ai parenti sfollati in uno dei tanti paesini intorno a Bologna e lì stettero rinchiusi. Come minima imputazione c'era per loro la renitenza alla leva, non essersi presentati a fare il soldato per i nazifascisti.

Turri riunì i rimasti nella sua casa.

Cosa fare? Che possibilità? Che forza? Le armi che avevano erano pistole, bombe a mano, armi da nascondere sotto la giacca, quelle che era stato possibile portare dalla montagna.

Non c'era che fare i gappisti. Già in Emilia sei formazioni si erano costituite di gappisti, la loro sarebbe stata la settima, la Settima Gap.

G.A.P. voleva dire: Gruppo Azione Patriottica.

L'azione di Gap all'incirca nei primi tempi si svolgeva così: il gappista, di solito giovane o assai giovane, insieme al capo-gap aveva scelto il luogo, l'ora, il personaggio, il momento in cui in quella strada c'erano pochi passanti. Insieme al capo-gap aveva studiato l'azione.

Ormai è quasi notte. Ecco si avanza il milite fascista e sta per sorpassare il giovane gappista che tenta di fare il distratto, l'andatura melensa.

C'erano fascisti di tutti i tipi, per lo più coraggiosi, con la schiuma di tutto un passato, rimasti fedeli, certuni compromessi per loro precedenti fattacci e senza scelta, certi per innata spavalderia, alcuni ricchi di malvagità. Ce n'era persino di onesti, ingenui, innocenti, con l'amor di patria.

Il gappista dunque, nella tasca la pistola, con la quale doveva aver confidenza, si avvicinava alle spalle del fascista che lo aveva sorpassato, di solito in divisa, il teschio disegnato sul petto.

Si avvicinava, alzava la pistola, la pallottola partiva e penetrava nella nuca.

Appena compiuto il gappista fuggiva, si dileguava nella notte.

Azioni di Gap

Ripeto quel che udii in quei giorni quando, per circa un mese, fui ospite di Turri nella sua casa di via Cà Selvatica. Tutte le sere i suoi compagni di battaglia lo venivano a visitare e cioè ad adorare.

Dunque, fin dal primo giorno Turri scelse gli uomini, insegnò, guidò, operava lui stesso. Ecco mi sorge Giulio.

Non stendo un elenco, non mi comanda una trama. Lascio che la penna getti sulla carta, la memoria ubbidisca a se stessa.

I gappisti all'inizio uccidevano quando il buio, la notte, era calata. E successe che uno, forse un po' gradasso, affermò di avere abbattuto il nero milite e invece la mattina dopo risultò che appena l'aveva, e di striscio, ferito.

Allora Turri dette ordine – che fu scrupolosamente eseguito – che ogni volta, dopo l'uccisione, il gappista doveva chinarsi sull'avversario giacente, sbottonargli la giacca, trovare il suo documento di identità e impadronirsene, impadronirsi solo di quello.

Turri così comandò per serietà e anche per una documentazione storica. Fu incaricata la moglie Irene di tenere tutti quei documenti, elencare.

I fascisti presto, prestissimo, avvertirono la decisione

dei loro nemici; in loro più si accese l'odio e il disprezzo e sul "Resto del Carlino", il giornale locale che era nelle loro mani, scrissero:

"Ecco la viltà dei comunisti, ci aggrediscono nel buio, di notte, hanno paura ad affrontarci di petto, mercenari, venduti, fuggono la luce, esempio della loro volgare e sudicia ideologia."

Anche Turri la stessa mattina lesse il giornale e subito riunì i suoi uomini.

Disse nel silenzio:

«Hanno ragione. Noi li affronteremo, li uccideremo di giorno.»

Turri aveva già scelto anche la strada, che sarebbe stata via Mentana, prossima a una loro caserma, strada che io e Turri quante volte avevamo insieme percorso perché ci riportava dal centro, da via Rizzoli, alle nostre camere di via Mascarella, mentre eravamo studenti.

«Facciamo subito un sopralluogo. Adesso usciamo, andiamo sul posto. Gli uomini che ho scelto siete tu, Giulio, e tu, Normando. Voi altri quattro nella prossima azione, forse domani, ma intanto oggi sarete spettatori. Andiamo. Debbo avvertirvi» e si rivolse ai due prescelti, Giulio e Normando «di stare attenti a un particolare, che credo non sia una sciocchezza:

«L'azione si svolgerà oggi in via Mentana. Ecco, alcuni mesi fa via Mentana subì un bombardamento aereo, crollarono delle case. Le macerie poi furono rimosse. In un punto della via c'è uno scavo, un vuoto ma non è l'inizio di una strada, è un vuoto che finisce cieco, non è una strada.

«Se uno di voi due dopo che ha sparato si infila in quel vuoto rimane in trappola, non può scampare, si trova chiuso. Dei fascisti si troveranno in via Mentana, la loro caserma è lì vicina. I fascisti reagiranno, risponderanno all'aggressione, potrebbero intervenire anche in forze, e se uno di voi due si è infilato lì, addio.

«Ho scelto questa strada, con la caserma vicina, per la sfida. Siamo vigliacchi? E allora veniamo a trovarvi di giorno e sotto casa vostra.

«Dunque, si arriva sul posto; in via Mentana i militi ci sono quasi sempre. Si spara, si corre via. Questa volta i documenti, le carte di identità non si prendono. Si sparisce tutti. Se va bene di qui in avanti i fascisti saranno più cauti, meno spavaldi a camminar per le strade di Bologna in divisa.»

Così fu fatto. Alle quattro del dopopranzo partirono dalla casa di Turri.

Prima di uscire Iacopo gli aveva ripassato la lezioncina:

«Siamo d'accordo? Si arriva in via Mentana e noi si passeggia tranquilli, distratti. Ognuno di voi due sceglie il suo milite. Siete un poco discosti uno dall'altro. Bello sarebbe, ottimo, se voi spararste tutti e due insieme o quasi, per essere fuori di via Mentana prima che i fascisti abbiano cominciato la reazione. Bloccheranno le strade, ma voi siete già distanti. Anch'io quando sparerete sono a passeggio in via Mentana.

«Allora via! E stasera tutti a casa mia, appuntamento alle sette, prima del coprifuoco. Ognuno farà i suoi commenti.»

Era una giornata di luce consueta, quel cielo dell'Emilia spesso pacato.

Giulio era considerato un bravo gappista, riconosciuto anche dagli altri. Era ammirato per il suo candido coraggio, quando operava si sentiva in missione, un sorriso per tutto il volto. Era alto, snello, sembrava sempre elegante, seppure il vestito sgualcito. Era studente del secondo anno di ingegneria, suo padre un capomastro di Imola.

Fu lui che morì, Giulio, l'unico che in via Mentana sparò.

Il milite fascista cadde giù, in terra. Subito gli urli e il fuggire. Militi che erano per la strada gridarono, si chiamarono. Giulio, sempre così chiaro, sereno, proprio lui corse verso l'imbuto delle case sventrate, non una strada che permette la fuga, di svincolarsi, si intrufolò proprio in quel budello cieco che Turri, Iacopo, aveva raccomandato: "Lì assolutamente no, che potreste non aver tempo a tornare indietro. Qualcuno può avervi visto sparare e indicarvi".

Giulio dopo i primi passi si accorse dell'errore, rimise la pistola in tasca, simulò un aspetto occasionale e si accinse a togliersi di lì, riportarsi in via Mentana.

Turri che si era soffermato in cima alla strada non vedendo Giulio correre via, sperdersi in altre vie proseguì verso il punto di dove era provenuto lo sparo.

L'altro gappista si era già allontanato, quel morto rendeva troppo rischioso sparare ancora in quella via Mentana, relativamente corta.

Turri fu davanti a Giulio che era per tornare indietro dall'imbuto che aveva imboccato. Ma già l'avevano individuato. Un milite, a altri che accorrevano, gridò:

«Quello lì! Lui, lui ha sparato.»

Sopraggiunsero pallidi e trafelati due fascisti in borghese. Scambiarono qualche sillaba con quello in divisa, estrassero le pistole e spararono su Giulio, che fece in tempo a chinarsi.

In quell'imbuto c'era una slabbratura, un pezzo di muro che non era stato rimosso. Di lì dietro Giulio rispose al fuoco. Si accucciava, si rialzava, rispondeva.

Turri assisteva da pochi metri.

Giulio sapeva che era per essere abbattuto. Scorse Turri.

Turri gli rimase davanti; Giulio lo guardava, gli sorrise. Fu l'ultimo saluto.

Intanto era arrivato anche un milite col fucile mitragliatore. Giulio non ebbe scampo; continuarono a perforarlo anche dopo che era caduto.

Via Mentana e strade vicine erano state bloccate. I militi fermavano, frugavano, perquisivano i cittadini. Turri era disarmato, aveva stabilito di non operare, assistere all'azione, valutare come doveva essere condotta.

«Sono medico» rispose al milite minaccioso. «Stavo tornando al mio ospedale. Sono invalido di guerra» e Turri mostrò il documento che si era preparato in tasca.

Si udirono di là, dalla parte di via Rizzoli, degli spari. Era l'altro gappista?

I militi si innervosirono: «Via, camminare, via, la strada vuota».

Turri slittò in una viuzza che c'era sulla destra, che conduceva in via Rizzoli; era una zona che conosceva a menadito. Tentò di raggiungere il punto di dove erano arrivati gli ultimi spari, forse era stato l'altro gappista ad agire.

La stessa sera, alle sette, come era convenuto, si riunirono nell'abitazione del Turri, vicino alla stazione.

Gli spari che si erano uditi dopo la morte di Giulio erano proprio dell'altro gappista; aveva ferito un milite ed era riuscito a dileguarsi.

Tutti riconobbero che non era facile sparare con calma, in piena luce, in mezzo agli altri cittadini. Ci si doveva far l'abitudine.

Stabilirono che ad avvertire i genitori di Giulio, ad Imola, sarebbe andato un suo compagno di scuola, col quale stava sempre insieme.

A un certo momento uno prospettò l'ipotesi se era possibile andare in parecchi sul luogo d'azione e combattere, non fuggire.

La risposta fu che sarebbero stati soverchiati.

Per il momento: azione rapida e sparire.

Lo so, lo so che poi diranno che Turri era un criminale. Fu il tempo che imponeva così a coloro che amavano il popolo italiano. Uccidere, vendicarsi, era un'azione da uomini pii.

Dovrei gradualmente spiegare, risuscitare i perché, preparare gli effetti in modo che il lettore si trovi a giustificare tutto.

Ma io non scrivo un romanzo, io scrivo quel che dentro mi urge, annuncio prima del dovuto.

Sono un credente nel confessionale, mi avvicino alla grata e parlo, peccati grossi e piccoli, in fretta, alla rinfusa.

Il libretto della spesa

Quella sera fu speciale, per via di quei due.

Non li avevo prima mai visti.

Si presentarono nel dopocena. Senza alcun impaccio, dovevano essere in confidenza col Turri, e anche con sua moglie. Era chiaro che avevano partecipato a tutte le azioni della Settima Gap, a conoscenza di ogni particolare.

Di età erano sulla quarantina.

Turri al solito si mise ad ascoltare; attento ma per niente cicalante.

Dopo ammicchi, rapide allusioni a questo e quell'episodio, uno dei due, d'un tratto, invitante, disse:

«C'è stata l'altra sera una discussione tra noi» e indicò l'amico che gli era seduto a fianco. E continuò:

«Lui è sicuro che i morti, di nostra mano, arrivano a duemila. Io invece sono più discreto, più preciso. Non arrivammo a quella cifra. Ne ammazzammo 1989 o 1990, non di più. Alla fine abbiamo convenuto: "Sentiamo Iacopo. Dirà lui chi di noi due ha ragione". E stasera siamo venuti a trovarti anche per questo.»

Notai che Turri non si beava affatto di quella conversazione. Il loro ideale non era stato certo raggiungere delle cifre, le passioni che li avevano dominati non si potevano tradurre in contabilità. Purtuttavia, da avveduto capo, quale continuava tacitamente ad essere, benevolmente pazientò. E poi:

«Dovremmo mettere su un archivio, raccogliere tutte le possibili notizie... il nostro dovere... preparare il materiale per un futuro storico. Nostro dovere...» e lo vidi lentamente scurirsi in volto, divenire imperioso. Questa dei freddi numeri non gli andava. Ed aggiunse, mormorando come a se stesso: «Conservare il ricordo dei nostri morti. Quelli, quelli ci devono vivere sempre nel cuore».

Dopo questo commento di Turri, l'interrogativo, se erano stati 1990 o 2000, si inaridì e si spense.

Di nuovo risorsero particolari di vicende che erano state a volte disperate, accese di odio, a volte con luce di gloria.

A me rimase una certa impressione per la tranquillità come era stata posta la quistione, quanti esattamente erano stati gli uccisi. Una donna di casa che torna dalla spesa e segna sul suo libretto dei conti le entrate e le uscite.

Si sognò, si combatté, si vinse.

Quell'accetta, una piccola scure affilata

Non tutti erano il Campi che sotto le torture non parlava.

C'era chi, vinto dalla paura, dal terrore, cominciava a confessare e poi procedeva, si profondeva in ogni particolare, diventava solerte, diceva ogni nome, indirizzo, e perfino consigliava fascisti o tedeschi che lo stavano interrogando, suggeriva le sottigliezze perché il tale agguato a quel partigiano riuscisse alla perfezione.

Capita che un uomo si avvii nella discesa del tradimento, sempre più rotola, con una specie di voluttà si impasta nella lordura.

La piccola scure affilata, l'accetta, uscì dalla casa del Turri quella sera avanzata, l'ora dopo il coprifuoco, e per un perché.

In dipendenza delle rivelazioni che erano state fatte da tre persone – la madre col figlio e la figlia – alcuni affiliati alla Resistenza, alcuni partigiani, alcuni gappisti erano in carcere, da giorni sotto tortura.

Era in più arrivata la precisa notizia su Ennio.

A Ennio avevano messo un cerchio di ferro alla testa, stretto il cranio in quella morsa. Il cerchio aveva una vite. Ennio legato su un lettino.

Ogni giorno, tra le risate, i nazifascisti davano uno o due giri di vite finché il cranio scoppiò.

Era arrivata a Iacopo, a Turri, a quelli della Settima Gap questa notizia, di Ennio, uno dei loro e tra i più valorosi. Era stato arrestato perché quei tre, compagni traditori, avevano svelato il suo nascondiglio.

Quei tre abitavano non molto lontano dalla casa di Turri, anche loro presso la stazione, lontano circa cinquecento metri, non di più.

I gappisti si riunirono e condannarono a morte quei tre: madre, figlio e figlia.

I tre delatori, che dopo aver confessato erano stati liberati, non uscivano più di casa; temevano la punizione. Ben sapevano che quelli della Resistenza avevano informatori nelle carceri, nelle stesse caserme dei tedeschi, i quali avevano pur bisogno di interpreti, di persone per bassi servizi.

I tre delatori giustamente sospettavano che ormai quelli della Settima Gap erano a conoscenza del loro tradimento.

Per l'esecuzione della sentenza di morte c'era però una difficoltà. La casa di quei tre era vicinissima a una caserma tedesca, non sarebbe stato possibile usare la pistola. I tedeschi, sempre attenti, avrebbero udito gli spari e sarebbero intervenuti.

Ecco il perché dell'accetta, della piccola scure affilata, col suo gentile manico, silenziosa, che poteva essere nascosta sotto le falde di un usuale cappotto.

Tacitamente, le strade deserte, nonostante il copri fuoco, il Bausi riuscì ad arrivare alla casa dei tre traditori. Era al secondo piano.

Bussò. Di là ci fu un silenzio di attesa.

«Sono io, Bausi» disse a voce bassa. «Mi sono trovato fuori. Non so dove andare. Apritemi.»

Nella stanza ci fu un parlottio.

Come non aprire? Sarebbe stata una aperta confessione, una aggiunta alle loro malefatte.

Fu la madre la più risolutiva: «Che ne può sapere il Bausi? Non conta niente, non è mica un capo! Avrà fatto tardi per una delle sue bevute, sempre sborniato». E si avvicinò alla porta.

«Chi sei?»

«Sono il Bausi. Non mi riconosci alla voce?»

«Ah! Caro Bausi. Vieni, vieni» e girò le due mandate della serratura. La porta si aprì.

«Non mi avevi riconosciuto... Ho dovuto portare una lettera, non so che ordine. Mi ha sorpreso il coprifuoco. Sto dall'altra parte di Bologna, in via di Valle Scura, mi ci vorrebbe ancora un'ora.»

I tre si rassicurarono, gli sorrisero.

«Vieni, vieni. Hai mangiato?»

«Sì, un poco, non vi darò nessuna noia.»

«Macché dici? Quello che vuoi; ora ti preparo.» E la madre si voltò verso i fornelli.

Fu quella sua posizione a decidere che fosse lei la prima nella morte. Lei in quel momento di spalle.

I due figli da un lato, accostati a una parete, e tra le mani non avevano niente.

Il Bausi, già il cappotto semisbottonato, infilò la mano, afferrò per il manico l'accetta, la piccola scure e, veloce l'alzò e la scese contro la nuca, la parte posteriore del capo. La donna senza un lamento fu giù; riversa sul pavimento.

Il Bausi non la considerò neanche un attimo. Si avvicinò agli altri due, ai giovani, che sembravano non aver ancora percepito cosa era loro per capitare.

Il Bausi colpì sulla fronte la ragazza e subito nelle mani e nel volto il fratello. Il fratello prima nelle mani perché le aveva alzate per difesa o per offesa.

Sulla madre il Bausi era sicuro, le si vedeva squarciata tra i capelli la testa. Dei due figli no; erano tramortiti, incapaci di difendersi, ma ancora respiravano.

Allora con più calma usò la scure, su le due teste.

Poi il Bausi si percorse con lo sguardo, si scrutò se era insanguinato, se aveva addosso spruzzi di sangue, sul cappotto, sulle scarpe, da qualche parte.

No, gli parve di no, e si avviò alla casa di Turri dove era aspettato.

Il Bausi da se stesso si era offerto per l'esecuzione.

Turri aveva acconsentito perché conosceva la sua povertà di fantasia e quanto ottusa la sua coscienza a registrare qualsiasi forma di disumanità.

In quanto agli spruzzi di sangue invece ce li aveva. Erano quelli provenienti dalla madre alla quale si era molto avvicinato ed essa cadendo si era piegata verso di lui, presso i suoi piedi.

Fu l'Irene, la gentile, la diafana moglie di Turri che mentre il Bausi raccontava lo interruppe, lo avvertì con la sua voce cantilenante:

«Bausi, ha i calzoni insanguinati e anche una scarpa.»

Il Bausi si chinò, mise le gambe sotto la luce. Era vero.

Fu la delicata Irene che, inaspettatamente, davanti a tanti orridi avvenimenti si mostrava serena come se le crudeltà non osassero a lei avvicinarsi e mai più sfiorarla. Fu lei a dire:

«Le darò un bruschino; poi vada nel bagno a pulirsi. Oggi l'acqua viene. Meno male, siamo stati tre giorni con i rubinetti asciutti.»

Passeggiata sotto i portici del Pavaglione

Le memorie s'imponevano tutte le sere.

Si mangiava in cucina, i bambini già a letto. E ne arrivava uno della Settima, poi un altro, un altro ancora, venivano a trovare il loro capo, sembrava che qualcosa di forte li costringesse, ogni tanto sfuggiva loro di chiamare Turri ancora col suo nome di battaglia: Iacopo.

Fui ospite di Turri per circa un mese e di azioni di Gap venni a conoscerne tante. Come ho già detto ci fu anche il numero, una sera, già sul tardi, il numero degli uccisi, benché sul numero non si raggiunse l'accordo. Chi era sicuro di 1989 e chi affermava che ne mancava uno o due ai duemila. Sempre tacevano su i colpiti della loro parte, tanti anche i loro caduti. I nomi dei compagni colpiti, uccisi, raramente erano pronunciati, come fossero presenti, presentissimi, inutile dirne il nome oppure fosse un dolore troppo acuto, da scansare.

Io di solito tacevo, ascoltavo soltanto. Avrei potuto raccontare qualche vicenda accaduta in Versilia ma me ne astenevo, c'era troppa diversità. Inoltre Viareggio fu sfollata, i cittadini furono comandati, costretti a lasciare la città. Si sparsero tra casette e casolari sulle colline e montagne alle spalle del paese, tra le Apuane. Non nacquero i profondi motivi di una guerra civile.

Di solito Turri non prendeva mai l'iniziativa, lasciava

che fossero i compagni a rievocare. A volte, con rapidità, interveniva per una precisazione, ascoltava in completo silenzio.

L'Irene, la moglie di Turri, a quei tempi tante volte testimone o informata subito dopo, anche lei non parlava come fossero episodi che aveva visto solo con gli occhi, non l'avessero nell'animo toccata. Ogni tanto, con la sua fanciullesca voce, interrompeva:

«Vi faccio un caffeino?» e si riavvicinava ai fornelli.

Durante il giorno io e Turri frequentavamo l'istituto, non si parlava presso che mai di vicende partigiane, trattavamo di quistioni medico-legali, e del mio esame che sempre più si avvicinava.

Ed ecco però la sera, inappuntabilmente, dopo cena, entrare in cucina – il loro salotto si era trasformato nella mia camera da letto – uno dei vecchi affiliati, e spesso per me nuovi, all'incirca della mia età oppure più anziani. A volte avevano in mano un fiasco di vino e porgendolo ne garantivano l'autenticità: «Uva soltanto!». Qualcuno offriva timidamente un cosciotto di maiale o altre cibarie che in quei tempi erano delle golosità.

Si sedevano tentando di nascondere l'impaccio, scarse dapprima le parole, ma poi un nome, una località, quella tale strada di Bologna, quel vicolo, e la rievocazione si sollevava e sempre concisa, frammentaria, con il tacito senso che tutti che ascoltavano già sapevano.

Mi interrogai perché così ogni sera immancabilmente si presentavano e ne chiesi anche al Turri. Trovammo diverse risposte ma noi stessi spesso eravamo incerti, perplessi, rimanevamo sospesi.

Venivano per ricordare a loro stessi, ripetersi che avevano partecipato a qualcosa di importante, di straordinario?

Volevano far chiaro dentro di loro dei perché, come mai avevano compiuto certi atti?

Di certo non era per gloriarsi che venivano a visitare Turri, perché mai udii vanterie.

Che trovassero difficoltà a riabituarsi, di nuovo ubbidire alle placide consuetudini? Che non si sentissero in perfetto equilibrio e vedessero nel Turri una colonna alla quale appoggiarsi? Ritrovare un tranquillo respiro? Mandar via una paura che qualche volta si affacciava?

Trascorrendo il tempo, ripetendosi i giorni, la figura del nemico sbiadiva, l'odio quasi non si riusciva più a concepire. E, allora, come era stato possibile quell'atto? Insomma uccidere una creatura umana?

Che venissero a trovare il Turri, il capo, perché senza confessarselo desideravano, bramavano, che ritornassero quei tempi, che lui di nuovo li comandasse? Poter di nuovo con felicità ubbidire?

Notai che mentre parlavano Turri era sempre in completa attenzione, non gli sfuggiva nulla di loro, nessun moto esterno e neppure i loro interni movimenti, udiva anche le parole che non avevano osato pronunciare.

Oppure venivano a trovarlo perché era tanto bello rivivere tempi eroici?

In quelle sere che insieme vedevo e ascoltavo, davvero a tratti mi parve di distinguere il viso, i lineamenti della guerra civile. La parola *Resistenza* perché era nata? Era davvero giusta?

Ma un giorno, un dopopranzo, mentre col Turri lentamente si ritornava in via Cà Selvatica, a casa sua, mi venne la voglia di saperne di più.

«Sì, i tuoi gappisti ogni sera ti si stringono intorno, ma a me piacerebbe sapere come ti valuta, cosa pensa di te la città, che reazioni produce la tua faccia, se ti ama, ti odia, se ti considera poco o tanto. E per raggiungere questo credo che una via ci sia.»

«Quale?» chiese Turri.

«I portici del Pavaglione! Tra poco c'è il famoso passeggio.»

«Sì, tra circa mezz'ora, in questa stagione all'imbrunire.»

«Noi due» continuai «si attraversa la piazzetta Galvani e si entra proprio dalla cima, dalla cantonata del caffè Zanarini.

«Ti avvii, procedi lungo il portico, verso via Rizzoli, lo percorri tutto, sei davanti alla libreria Zanichelli, oltrepassi la profumeria, avanti e avanti, fino all'edicola dei giornali che guarda il Palazzo di Re Enzo, insomma alla fine.

«Tu sei avanti e io ti sono alle calcagna, un passo, un passo e mezzo dopo di te. Qui nessuno mi conosce, sono ignoto, non desto alcuna attenzione. Vedo e controllo quel che succede, se ti fanno largo, che espressioni prendono, se subito ti riconoscono oppure no. Misuro meglio che posso. E tu mai ti accorgi di me, che c'è uno che ti segue così da vicino.

«Alla fine del portico del Pavaglione, dove tante volte ci siamo rapiti a mirar le ragazze, ci rimettiamo insieme, fianco a fianco e ti comunico ciò che mi è riuscito registrare.»

«Va bene» consentì Turri, divertito e non vanitoso, come si adattasse a qualche esperimento di fisiologia nel suo istituto di Medicina Legale.

«Allora, stasera stessa.»

«Abbiamo tempo. È l'ora giusta, tra pochi minuti siamo lì.»

Si arrivò, si cominciò. Lui avanti, io dietro, quasi accosto, poco più di un metro. Io sconosciuto.

Turri procedeva nel mezzo del portico, fendeva la dolce marea dei passanti.

Si aprivano alla sua avanzata, si scostavano, gli lasciavano posto. Subito quasi tutti, l'un l'altro se lo indicavano.

«*Iacopo!* È *Iacopo*. Turri, si chiama Turri.»

Chi esprimeva con la luce del volto ammirazione, chi perplessità, chi in timore corrugava la fronte, chi anche un'ombra di invidia, chi avversione, due o tre volti ebbero il lampo dell'odio.

Appena lo scorsero, ripeto, quasi tutti aprirono il passaggio creando per lui un procedere che aveva del regale o qualcosa di simile.

Così durò fino all'edicola, in fondo al portico. Non ci fu alcuna interruzione a questo quadro.

A quell'ora il portico del Pavaglione era gremito e vi spumeggiava quella piacevolezza, quella simpatia alla vita che è una caratteristica dei bolognesi.

Arrivati in fondo girammo a destra e ci rimettemmo fianco a fianco.

Subito comunicai a Turri quello che avevo notato e non so perché mi sfuggì, le parole mi si formularono e uscirono prima che le pensassi:

«Tanti morti ancora vedono e parlano.»

Turri non commentò. Non si era per nulla turbato, in nessun senso, un breve esame, l'osservazione di un fenomeno fisiologico come tante volte era accaduto nel suo istituto di Medicina Legale.

L'esametto di specialità

In quel tempo Turri era tranquillamente comunista; la sua parsimonia era lineare con l'ideologia, col Partito. Viveva come un semplice operaio. Mai lo udii lamentarsi; l'unica sua cura circa le cose materiali era che i suoi due bambini avessero il nutrimento sufficiente, crescessero normalmente. Per il resto non trapelava nessun desiderio, alcuna invidia per altri che possedevano.

La sera, immancabilmente, lo venivano a trovare, gli facevano corona, quelli che avevano combattuto con lui, ai suoi ordini, partigiani sui monti e gappisti di città. Sembrava non potessero stare senza vederlo, ascoltarlo, con gli occhi toccarlo.

Ogni sera – mentre fui suo ospite per circa un mese – ne conoscevo di nuovi, tutti in rispettosa attesa della sua sentenza, ancora volevano sapere da lui cosa sarebbe accaduto l'indomani, nel prossimo futuro; gli facevano le domande più intime, più impensate, interrogativi che maturavano in quegli uomini che con tanta fatica si stavano reinserendo nelle viete abitudini.

Turri ogni volta rifletteva qualche secondo, come si concentrasse, si mettesse a tu per tu con la sua stessa anima, e poi rispondeva con parole semplici, con tono pacato, epperò con una fermezza, una sicurezza. In quel tempo non so se posso dire che era felice, ma per lo meno nella dolce sensazione che tutto procedeva secondo un perché. Lui aveva seguito la sua coscienza, aveva portato l'obolo che gli era riuscito.

Era soltanto assistente in Medicina Legale, nessuno pensava a promuoverlo, in qualche modo a ricompensarlo. Lui assolutamente niente chiedeva. Il titolare della cattedra, un certo professor Berardi, era l'emblema della mediocrità, del grigiore, privo completamente di fantasie, di un qualsiasi fervore. Tutto ciò che era successo, fine della dittatura, guerra, partigianeria, era per lui come non fosse accaduto, aveva sopportato ma non se n'era accorto, non aveva prodotto in lui il minimo germoglio, nessuna idea o sentimento.

Turri non si lamentava, non protestava, non inveiva. Continuava a produrre lavori scientifici con l'intento di presentarsi, a suo tempo concorrere a una delle cattedre di Medicina Legale. Così è il mondo, tra gli uomini vi sono degli abissi che è impossibile colmare, lo proibiscono le leggi dell'universo.

Si arrivò all'esame, al mio esame; ero assai preparato.

Turri era della commissione giudicatrice. Mi disse: «Non so quali domande ti farò, ma mi piacerebbe tu rispondessi con certe tue rare citazioni, difficili, che loro non conoscono e non avranno la modestia di richiederti ragguagli. Ci divertiremo».

Poi Turri mi riferì cosa era successo durante e innanzitutto dopo l'esame. Quei professori si erano irritati di alcuni miei veloci trapassi, di improvvise allegrie verbali. Dapprima si stupirono e poi si stizzirono dato che non mi comportavo come il solito mogio esaminando, succube, pronto sempre ad annuire da servo. In specie uno di quei docenti, da Turri ben conosciuto, ingoiava bile, a stento si tratteneva di togliermi la parola.

Aggiunse Turri: «Chissà! Forse erano per bocciarti, se non fosse arrivato il Cattedratico di psichiatria».

Fu quello a salvarmi. Era giunto in ritardo; anche lui faceva parte della commissione. Si sedette e, in una pausa, sentì il dovere di interrogare anche lui.

In quei mesi precedenti avevo pubblicato un lavoro sulle allucinazioni e volle il caso che il docente di psichiatria proprio su quelle mi interrogò. Ero fresco di notizie per il recente studio e cominciai a sciorinare.

Il docente di psichiatria, al contrario degli altri, si divertì, insistette nelle domande e a un certo punto sorrise e disse:

«Sono contento di averla ascoltata, finalmente un bel parlare di psichiatria.»

L'esame finì, mi alzai, salutai, uscii.

Il docente psichiatrico parlò per primo e propose la lode:

«Per mia parte trenta e lode.»

Così poi mi riferì Turri che al mio esame si era divertito ma era stato anche in timore per i miei intemperanti schioppiettii, i quali poi non erano per nulla irrispettosi, non volevo diminuire reverenza a quei gravosi soloni, soltanto ognuno è fatto in una maniera e vedere tra chi mi esaminava proprio il fraterno amico Turri mi suscitava festa, la gaia sorpresa della vita.

La visita alla Sandrina

Presa la specialità in Medicina Legale – che poi mi servì per vincere il concorso di primario al manicomio di Lucca come Turri aveva previsto – me ne ritornai ai miei posti, di nuovo acquattato in quella cameretta che mi avevano concesso all'ospedale di Maggiano, armata di un letto, di una scrivania, e giusto lo spazio per uno scaffaletto zeppo di libri, stanzetta magra ma buona per me che avevo soltanto da rimuginare, provare, filtrare, decantare quello che portavo dalla nascita, essendo nato scrittore; misurerà il tempo se minimo o più alto.

Così passavo i giorni, nei reparti, tra le matte, dentro la mia cameretta. Quasi sempre, molto spesso, tra le braccia della solitudine.

Turri ogni tanto mi veniva a trovare anche per parlare del Campi. Solo con me lo poteva rammemorare a sufficienza, rievocare le sue ubbie, la sua originalità, la sua fantasia che prendeva fuoco come nelle campagne i pagliai.

Lo ricordavamo scherzando come fosse ancora vivo, fosse uscito un momento prima dalla stanza e stesse per rientrare.

Avevamo deciso di stampare un opuscolo, un libretto, in sua memoria che poi eseguimmo, fornito di scritti, delle testimonianze che potemmo raccogliere, della sua fotografia di bel giovane, di lui dondolante da un ramo perché impiccato e di lui poi disteso su una specie di barella con gli altri nove, tutti vestiti di nero, abiti di sposalizio di quei campagnoli che abitavano nei casolari circostanti.

Turri mi disse anche:

«Dobbiamo andare a trovare la Sandrina, la madre del Campi, a Ravenna.»

«Sì.»

«Vieni a Bologna e si prende la via.»

«Di domenica.»

«Bene.»

Infatti si partì verso Ravenna. Il cielo era senza una nube. Tutto nel mondo continuava.

Non avevo mai conosciuto la Sandrina, la madre del Campi; spesso me ne aveva parlato Turri, mai il figlio, mai Mario, il Campi.

Mentre con l'automobile si attraversava la campagna romagnola, spontaneamente ci risorgevano più pure che in passato immagini del Campi, sue parole, manifestazioni della sua personalità.

Ricordammo quelle volte che alla Scuola allievi ufficiali medici scoprimmo il Campi in una posizione inaspettata.

In certe ore eravamo liberi di aggirarci per cortili, boschetti e giardini che circondavano la caserma. Fui io per primo che scovai il Campi in un angolino poco frequentato, la pancia nuda e il sole che vi batteva sopra. Capii dal grugno che non voleva dare spiegazioni, era in tensione, stava attuando un suo segreto disegno.

Siccome aspettai e poi con affettuosità gli domandai che avesse, infine, vinto, mi disse con voce rotta:

«Sono debole di visceri, debbo rinforzarmi coi raggi del sole, per quando ci sarà la prova.»

Approvai con la testa e dopo poco lo lasciai alle sue esposizioni solari.

Appena vidi Turri gli riferii e ridemmo, ridemmo con simpatia per quella inimmaginabile spiegazione. Anche lui, il Turri, nei giorni seguenti lo trovò col ventre nudo esposto ai raggi solari. Con lui il Campi si diffuse di più. Convinto, convintissimo gli dichiarò che era suo dovere farsi forte, irrobustirsi al massimo e aggiunse:

«Mi legheranno.»

Sorridevamo anche ora – procedendo per la campagna romagnola – alla visione del Campi a pancia nuda, in uno dei cortili della caserma, e trascuravamo di ripeterci che poi il Campi era stato infatti legato a una scala e portato al Bosco delle Castagne.

Ci ricordammo anche di quelle due nostre compagne di scuola, stesso anno di medicina. Di Ravenna come il Campi.

Tutte e due belle, una anche molto elegante, ben curata sempre, i capelli come appena lavati e ondulati, protetta da ricca pelliccia.

Avevano frequentato il liceo di Ravenna insieme al Campi e su su cresciute con lui.

A dimostrazione del domestico furore del tizzone romagnolo che viveva nel camino di Mario Campi, quel camino che nemmeno il tedesco tenente Karl, per quanta ferocia usasse, riuscì a spengere, a dimostrazione di quanto il Campi era rimasto popolano, carico di ogni retaggio romagnolo, una mattina che in aula quelle due concittadine avevano più del solito con altri studenti civettato, e con piglio provocante, senza pregiudizi, si avvicinò a loro.

Io ero dietro, diretto anch'io all'uscita.

Il Campi si accostò a loro e gli sibilò in perfetto romagnolo ogni sorta di sferzanti ingiurie.

Le ragazze si voltarono, riconobbero il Campi che continuò in quel dialetto che ha le sillabe tanto serrate tra loro.

Le due chinarono la testa, di colpo mutate in umili ravennate colte in fallo, giusto il Campi le avesse richiamate all'ordine.

Di questo acceso rimbrotto poi ne parlai col Turri, e insieme ridemmo di un Campi fustigatore, lui frequentatore di bordelli e che trattava le puttane come anime dannate sprofondate nell'inferno.

Ed ora eravamo diretti da sua madre, la Sandrina, che lui la mattina appena alzato, invece di abbracciarla teneramente come il cuore gli dettava, la chiamava di lassù, dal piano di sopra. Le comandava:

«Sandrina! Una braciola!» E poi sbatteva la porta e si metteva a studiare, chinava il capo su uno dei soliti pesanti libri di medicina.

La casa del Campi era alla periferia di Ravenna, dignitosa, casetta di onesto operaio. La visitammo, salimmo su, accompagnati dalla Sandrina, per vedere la camera del Campi, la porta che lui sbatteva la mattina.

Del resto anche la dichiarazione d'amore alla sua ragazza fu una delle sue inaspettate. Era per lui un amore, non una delle solite intraprese sessuali.

Durante la Resistenza aveva incontrato una bella ragazza, faceva la staffetta, portaordini, insomma anche lei partigiana. Si incontrarono due o tre volte per "lavoro clandestino", lui non le confessò il suo sentimento. Una mattina lei lo accompagnò alla stazione; doveva arrivare uno da Forlì.

Tutti e due avevano la bicicletta ma procedevano a piedi forse per reciproco desiderio di stare più a lungo insieme.

Arrivarono davanti alla stazione. Allora lei disse: «Mario, debbo andare, ti saluto».

Il Campi si ingarbugliò nei lineamenti, nel petto il bollore, nella mente un alveare.

Lei lentamente si voltò e cominciò ad allontanarsi.

Allora il Campi scaraventò la sua bicicletta, la rovesciò in mezzo alla strada. Chiamò la ragazza, gridò il suo nome.

Lei si voltò, si soffermò, già aveva visto la bicicletta del Campi buttata via.

Il Campi le si avvicinò, afferrò il manubrio della bicicletta della ragazza, la lanciò con impeto da una parte, prese la ragazza, l'abbracciò, la baciò, in mezzo alla strada, d'un colpo ignorando le leggi clandestine, che tanto di solito lo dominavano, dimenticando ogni cautela.

Ma torniamo alla Sandrina, alla madre, che naturalmente nella sua casetta di Ravenna ci aveva aspettato, con suo marito elettricista. Aveva preparato il pranzo.

Non ci fu nessuna scena, né di parole né di gesti.

Il padre era impietrito, da principio non disse quasi neppure una parola. Già, prima della morte del figlio, se ne stava piuttosto appartato, scarsa la comunicativa ed ora muto, lo sguardo fisso, sembrava non avesse più addentellati con nessuno.

La Sandrina era quieta, in dolce attesa, quella giornata elemosinava un grano di letizia: gli amici del figlio – tante volte in passato i loro nomi erano corsi per quelle stanze – stavano mangiando alla sua tavola, davanti a lei, li poteva guardare come una volta guardava il suo Mario.

La Sandrina aveva una personcina svelta, un che di

bambina, incapace forse a essere un personaggio di una tragedia.

Era capitata a vivere tra due uomini siffatti, il marito taciturno e il figlio tenerissimo con lei ma irato contro se stesso appena gli trapelava qualche sentimento. Un compagno, un comunista non doveva mostrare alcuna sdolcinatura, alcuna effeminatezza, doveva essere tutto dedito alla causa, per la giustizia sociale, in ogni momento pronto per il grande ideale.

E così la Sandrina, capitata tra due uomini siffatti, era come un uccellino, cinguettante nonostante tutto, ma in gabbia. Anni erano passati e mai lei a trovar la via di liberare le sue fanciullesche effusioni.

Il figlio morì, il marito non parlò quasi più. La Sandrina si trovò libera, cominciò a ciarlare con tutti, cianciare. A tanti narrò la sua gita a Belluno alla ricerca del figlio, come fu che arrivò al Bosco delle Castagne, e le suore, le suore dell'ospedale di Belluno che considerano il suo Mario un santo, un martire, avevano pianto mentre l'abbracciavano. Insomma la Sandrina era rimasta una fanciulla ma ora lo poteva dimostrare, liberare in volo la sua anima.

Turri fin dal primo momento che entrò in casa usò la massima cautela, non voleva con le sue parole o con le espressioni del volto in nessun modo suscitare ai due coniugi delle domande, dei paragoni tra il loro destino e quello di altri genitori e tanto meno stimolarli a immaginare il futuro senza il loro unico figlio. Turri si rivolgeva innanzitutto al padre che essendo taciturno aveva probabilmente un ricco linguaggio interiore.

Il padre del Campi, quell'elettricista, era stato un fervente socialista e Turri lo blandiva, ammirava la sua fede, che i popoli con tanta fatica fanno passi avanti, quanti sacrifici sono necessari perché dei bambini sorridano e ridano invece di piangere.

Quando il padre del Campi infine mormorava qualche risposta, allora Turri si piegava ad ascoltarlo con la più profonda delle attenzioni.

Appena quella mattina eravamo entrati in casa, Turri con un battito d'occhi mi aveva avvertito, mi aveva invitato ad aiutarlo, tentare di distrarre almeno per un poco quel vecchio. Ed io infatti sempre più abbandonai la Sandrina e tutto mi dedicai al marito.

In quel pomeriggio sapemmo anche che la ragazza del Campi, la staffetta partigiana, quella della bicicletta, era spesso in quella casa, si comportava come la vedova. I due vecchi la trattavano come figlia, e dalla sua presenza traevano consolazione.

Partimmo che la sera batteva le palpebre.

Onorevole, perbacco!

"Divento onorevole, perbacco!" mi scrisse Turri.

Era ammirato, un che di leggendario, e professore universitario, onesto, colto, da indicare alla borghesia. Era interesse del Partito metterlo in cima alla lista, andava usato.

Per Turri era una esperienza, una faccenda da verificare. Roma, quanto diversa dall'Emilia!

Già tra di noi c'erano state delle sorprese, degli interrogativi. Quanti uomini sorti dalla Resistenza si erano messi alla politica e: se intricavano! Come erano sorprendentemente arroccati al potere! Neppure si era mai immaginato il trionfo dei democristiani. Le passioni ci avevano ristretto il campo? Avevamo scioccamente trascurato le tante radici che ha la storia d'Italia?

Turri fu eletto e andò a Roma; non vi si fermò, continuava ad abitare a Bologna, col treno andava su e giù. Ogni tanto si soffermava a Lucca, passavamo insieme una serata.

A distanza di tempo, la vista più sgombera, credo di poter dichiarare che in quel periodo Turri era come in attesa, osservava, accumulava materiale, metteva da parte, ma non si interrogava, non aveva ancora sufficienti stimoli per sommare, trarre un risultato.

Probabilmente così intensa era stata la sua vita negli

ultimi mesi della Resistenza, quando agiva con la Settima Gap, col rispondere sangue a sangue, che ora si cullava, si riposava, lasciava correre, le faccende si svolgessero a loro beneplacito.

Io continuavo a stare al manicomio, ma c'era una novità, avevo incontrato una donna, si chiamava Giovanna, mi si confaceva, diciamo di corsa la parola amore, con tutti i diavoli che le si accompagnano.

La feci conoscere a Turri e lui lietamente procurò che si incontrasse con la sua Irene.

Le due donne si intesero e questo spronò a vederci più spesso. Ogni tanto eravamo noi ad arrivare a Bologna e tutti e quattro per diverse ore ci si confidava. Cerco di seguire la storia delle nostre anime. I miei due amici, ambedue medaglie d'oro della Resistenza sono morti, sono chissà dove, non posso più incontrarli, discutere, rievocare, tra noi sorriderci.

Mi è nato il desiderio di intrattenerli con la penna. Mi sono più volte ordinato di non fare neppure una cancellatura. Eravamo tre amici, si parlava con assoluta libertà.

Successe l'attentato a Togliatti, che poi si ristabilì, tornò alla vita politica, al parlamento, a dirigere il suo Partito.

Era ben giusto scortarlo, impedire un nuovo attentato e considerato che Turri era stato un attento scrutatore delle mosse nemiche, e severo comandante di uomini, fu scelto lui a vigilare la persona di Togliatti.

A quel tempo Togliatti era già in armonia con la signora Nilde Jotti. Turri si trovò a frequentare la loro casa.

Fu preferito Turri a un poliziotto sia pure di qualità perché Turri era anche colto, perfino col greco e latino se la batteva assai bene, era stato il primo della classe anche al liceo e Togliatti vezzeggiava in filologia, si distraeva dai pesi politici con giochi lessicali, preziosità linguistiche. Turri lo poteva intendere; con lui meglio che con altri distendersi.

Anzi, ho un ricordo personale di Togliatti.

Durante la prima campagna elettorale, laggiù in quegli anni, appena finita la guerra – e vinse De Gasperi – Togliatti venne a Lucca per un comizio.

Non potei non ammirarlo, in tutto, anche nella persona fisica, la fronte ampia e armoniosa sulla quale ogni poco ricadeva il ciuffo dei capelli, e lui, continuando a parlare, con la mano, lievemente, con garbo, rigettava il ciuffo al suo posto. Quello che mi incantò fu il suo linguaggio che era insieme popolare, inteso da tutti, eppure ogni motto guardingo, puro italiano, ogni parola specchio esatto di ciò che voleva esprimere, ogni parola giusta a "sollecitare" il cuore e la mente di chi lo ascoltava. La piazza era gremita.

Il comizio si svolse in silenzio, acuta in tutti l'attenzione. Parlava il capo dei loro nemici, di loro lucchesi, bianchi, sempre stati uniti alla Chiesa, anche se in qualche periodo – riforma e controriforma – in un travagliato abbraccio.

Togliatti parlava ai lucchesi come un predicatore, dal pulpito, con calma, un'eco solenne.

I lucchesi erano stupiti, perfino in allarme. Che succedeva? Questo non era un fazioso comunistaccio, non sembrava mettere a rischio le loro robe, i sudati guadagni, i devoti risparmi.

Ho messo prima tra virgolette il verbo *sollecitare* perché in quel comizio ancora più viva si fece l'attenzione quando Togliatti – dopo una pausa come per riflettere con più intensità – domandò ai lucchesi se il rimprovero verso i comunisti era perché essi erano solleciti, avevano sollecitudine per gli umili, i poveri, i diseredati, se era per questo che erano contro di loro.

Mi ricordo che questa parola "sollecitudine" rimase nell'aria, sospesa sopra la bruna marea di teste e tale preciso parlare parve anche un omaggio a quel popolo che lì, sotto il piccolo palco, ascoltava e la lingua italiana, il dittaggio, eccome se lo conosceva e lo coltivava, eccome se attraverso i secoli aveva conservato il bel parlare, la lingua italiana.

Ma ritorniamo a Turri responsabile dell'incolumità di Togliatti. Lui eseguì, ubbidì ma in verità sempre più si risentiva medico legale, lo studio, la ricerca scientifica, salire in cattedra, insegnare. La politica, il periodo partigiano erano stati un arricchimento, una conseguenza di passate accensioni, brame di cambiamenti, di novità ma profondamente lui era nato per lo studio. La notorietà politica lo danneggiava di fronte agli altri professori suoi concorrenti alle cattedre di Medicina Legale, opacava la sua personalità di scienziato in quanto questo deve essere tutto dedito alla ricerca, questo suo unico cibo.

Comunque Turri in silenzio ubbidì a quell'incarico di poliziotto vigilatore e quando mi veniva a trovare a Lucca sempre più fittamente capitava che buttasse là qualche osservazione, come troneggiava nel Partito la burocrazia, le parole d'ordine mai più si discutevano, monotono il linguaggio; le invenzioni, le satire e anche l'ironia erano al bando. Innanzitutto con l'ubbidienza, con l'essere proni, nel Partito si procedeva.

Insomma avvertii che Turri stava affastellando, accumulando nella sua cascina ogni sorta di materiale.

Mi raccontava anche Turri qualche notiziola interessante, con quale accuratezza, per esempio, Togliatti si preparava prima di parlare alla Camera dei Deputati, per due o tre giorni la casa in assoluto silenzio; che Togliatti era sobrio, spartano, forse così abituato frequentando quell'efferato albergo Lux di Mosca dal quale con tanta facilità si sortiva per essere avviati alla morte, e naturalmente l'inconsapevole "reo" si trovava a confessare ogni nefandezza, tutti i suoi tradimenti.

Mi raccontava Turri che a volte alle tempie di Togliatti gli sembrava scorgere, alitare l'implacabile ghigno di Stalin che per trasformare la Russia da campagnola in industriale quanti ne aveva ammazzato.

E mi riferì anche una inaspettata domanda di Togliatti, che con ogni titubanza e apprensione era stata a Turri sussurrata: quando Togliatti si risvegliò dopo l'intervento chirurgico per la pallottola che aveva preso nella testa, quando riaffiorò la coscienza e socchiuse gli occhi, subito gli assembrati compagni si chinarono sul suo viso e si affrettarono a informarlo che da tutto il mondo erano piovuti messaggi, voci di dolore, esecrazioni contro l'attentatore.

Togliatti ascoltò i lusingatori e poi, nel silenzio che seguì, chiese:

«Croce ha telegrafato?»

I proni compagni ben capirono che domandava del filosofo Croce, Benedetto Croce, e si consultarono con gli occhi. Croce non aveva inviato nulla.

Uno di loro mormorò: «No... Croce no...».

Mi piacque quella prima richiesta di Togliatti e insieme mi sdegnò perché subito mi fu presente che lo stesso Togliatti sulla stampa del suo Partito si era più volte scagliato contro il filosofo liberale usando volgari sarcasmi e così aveva fatto o per alimentare l'ottuso fanatismo o, più probabilmente, perché in Russia constatassero quanto egli era rimasto fedele, puro marxista leninista.

Mi ricordai di una lettera di Croce diretta proprio a Togliatti dove bonariamente, da vecchio nonno, lo metteva in guardia dall'essere così politico, solo politico, tutto politico, perché gli poteva accadere che un umano dolore lo sfiorasse e allora forse non avrebbe più trovato la capacità di una tenerezza, di un commosso abbandono.

Turri continua il ballo da solo

Per me fu molto più facile, grande la differenza. Anch'io accumulai osservazioni negative una dopo l'altra, le note stonate si sommavano; spesso mi accorgevo che nel mio volto si stampava un amaro sorriso, rodeva la delusione.

La faccenda per me semplice, addirittura non ero iscritto neppure al partito comunista, mai preso la tessera, non mi era mai andato di firmare, avevo subodorato che era una via per diventare succube. Mai preso la tessera, che a quel tempo per i compagni era un fatto importante, importantissimo, capitale. Chi era iscritto era un adepto, dell'affiliazione, come avesse giurato, completa ubbidienza.

In quegli anni dopo la Liberazione, ma ancora nel 1950-1951 quando Turri lasciò il partito comunista, nelle file degli iscritti correva la fede o piuttosto un fanatismo con qualcosa di anonimo, si era disposti a una assoluta pronazione, ignorata la critica come del resto di recente era stato sotto la dittatura fascista. Le parole d'ordine erano testi sacri. A pochi veniva in mente di discutere, la voglia di criticare, di dichiarare la propria particolare personalità.

Per l'affratellamento che ci fu durante la Resistenza – e in Versilia presso che tutti i partigiani erano dichiaratamente comunisti – io, anche dopo la Liberazione continuai a frequentarli, volentieri entravo a Lucca nella sede del Partito e prestavo la mia opera per l'ufficio stampa. Avevo una certa esperienza di scrittore, in quel che potevo sorvegliavo che non cascassero nei manifesti o in altri stampati degli svarioni, tentavo un linguaggio, parlare in chiaro italiano. E stavo volentieri anche in loro compagnia nelle ore di svago, non avevo altri amici, essi perdonavano la mia non iscrizione. È vero, avevo per loro affetto, per lungo tempo fui per la loro causa: nessuno opprimesse un altro essere umano.

Nelle prime elezioni politiche che ci furono in Italia fui persino del Comitato d'onore nella loro lista, quella di Garibaldi.

Fu per una semplice ragione, perché tutti i professionisti della provincia invitati, all'ultimo risposero di no e almeno un laureato nella lista sarebbe stato bene ci fosse, uno con la patente di istruito.

Vennero a invitarmi ed erano titubanti perché già avevano annusato la mia ribellione, i dubbi che mi erno sorti, avevano udito sferzanti miei giudizi sulla burocrazia del Partito, la mia rivolta alla completa sottomissione ai bolscevichi, ai russi. Sottolineavo quel che traluceva dai loro atti: l'umanità intera fosse pure ammanettata ma in cima al campanile di ogni paese sventolasse il gagliardetto moscovita.

Mi chiesero di essere del Comitato d'onore e io subito accettai, mai più per convenienza politica come il mio comportamento futuro dimostrò, non ero tanto baggiano da non capire che Lucca era sempre stata bianca, con la Chiesa, e avrebbe continuato, non era un merito a Lucca essere del Comitato d'onore della lista di Garibaldi e cioè dei rossi.

Accettai per i ricordi della Resistenza, e perché

ancora con fervore speravo che gli uomini si dimostrerebbero buoni, tutti o quasi tutti buoni, qualora fossero liberati dalle grinfie del denaro, da quel che in quel tempo si appellava genericamente capitalismo.

Per me fu facile allontanarmi da un partito nel quale perfino non ero iscritto, e poi ero anonimo, ci fossi o non ci fossi ai politici, a nessuno importava, se ne accorgeva, e inoltre ero medico di manicomio e quindi certamente un po' matto o matto completo.

Comunque ebbi amarezza dentro di me, anche dolore, constatando che il mondo non si cambia, gli uomini sono quegli stessi tante volte soppesati dal Machiavelli, implacabili le leggi della politica, del potere, del comando.

Cercavo sollievo ricordando che, nonostante, il periodo della Resistenza fu molto bello e cioè credere nell'umanità, e fu bello anche prima quando con Turri e Campi tante volte avevamo costruito un nostro castello, spesso lo vedevamo già murato, solenne, con le torri, imprendibile, il castello dell'utopia.

A me fu facile allontanarmi dal partito comunista, a non più frequentare i compagni, anche perché già uso alla solitudine non mi costò eccessiva pena a lentamente di nuovo ingolfarmi in quel tunnel.

Avevo intuito quello che era passato nella mente, nel cuore di Turri.

Non ci eravamo ancora frontalmente parlati ma ero così sicuro dei suoi ripensamenti che quando quel dopopranzo – doveva essere nel mese di ottobre o di novembre del 1950 – arrivò al manicomio di Lucca e al solito piombò nella mia cameretta, io a quell'ora nella stessa poltroncina seduto non so a che pensare o forse soltanto in attesa di ispirazione, della voglia di mettermi a scrivere, ero così sicuro che quando, lui aperta la porta mi fu davanti e lo vidi pallido, con l'impronta dell'ira e della determinazione e stava per pronunciare delle parole, lo prevenni:

«Vuoi lasciare il Partito!»

«Sì» sorrise, liberato, commosso.

Turri venne a dirmelo

Non sembra possibile, ma fu così.

Turri arrivò, non l'aspettavo. Appena bussò alla porta della mia cameretta, e entrò. Io ero seduto su quella poltroncina, che avevo ereditato da mia madre.

In questo libro, ripeto, io non invento, non fantastico, rimango a ogni riga a tu per tu con me stesso, con i miei amici Turri e Campi, con le cose che mi si sono presentate.

Era la nostra amicizia così profonda, talmente insieme avevamo collaborato ai nostri sogni che, se anche non ci si vedeva, non ci si frequentava, il nostro colloquio procedeva, sapevamo tutto quel che ci passava nel cuore e nella mente. Perfino ci sembrava che anche il Campi stesse con noi, non fosse morto.

A me era successo di aver partecipato alla Resistenza, non in una zona di estrema violenza come era accaduto in certe città del Nord. Comunque avevo partecipato, le idee rivoluzionarie continuate in me a brulicare. Era venuta la Liberazione e fu un caso, un barlume di sospetto – lo ripeto – un venticello segreto di indipendenza che mi decise a non iscrivermi al partito comunista. Non mi iscrissi ma però giornalmente lo frequentai, il partito comunista di Lucca, città di dominio democristiano.

Lo frequentai anche perché mi sentivo utile, rivedevo ogni pubblicazione, spesso vergavo i manifesti e mi capitò di scriverne uno che poi fu trasmesso a Roma. Passò da Lucca un letterato del Partito, lo lesse e se lo portò via. Lo consegnò alla direzione delle Botteghe Oscure, che lo ristampò in molte copie. In sostanza ubbidivo ancora a quei sogni che avevano bruciato la mia vita fino a trentaquattro, trentacinque anni.

Così accadde a Turri, al Campi, che poi fu abbracciato dalla morte. Soltanto che Turri era diventato un celebre partigiano e a furore di popolo i bolognesi lo vollero onorevole. Turri accettò, sarebbe andato alla Camera dei Deputati. Fu eletto con stragrande numero di voti: tutti inoltre riconoscevano la sua onestà.

Turri, divenuto onorevole, continuava a venirmi a trovare. All'improvviso un leggero brusio alla porticina della mia camera nel manicomio di Lucca. Il mio grande amico appariva. Ogni volta continuava il nostro dialogo come davvero ci fossimo continuamente visti e parlato anche nei giorni precedenti.

Così andammo avanti per anni.

Accadde che io lentamente – ogni giorno un altro grano si aggiungeva al mucchietto – ogni giorno mi avvedevo, constatavo che il partito comunista italiano per nulla era l'immagine, il ritratto dei nostri accesi e giovanili ideali. A ogni ora in me cresceva un minimo ma sostanziale grado di raffreddamento.

Presto mi accorsi che il potere burocratico, quello era nel Partito il vero potere, il togliattismo, tutto ciò che dalla Russia Togliatti aveva portato con sé. Legge implacabile. Macché amore per il popolo, per gli umili, per i così detti proletari!

A che cosa dunque stavo collaborando? Mi riducevo

servo? Non aiutavo forse al sorgere di un mondo tanto diverso da quello da noi sognato?

Diradai la mia frequenza alla sede del Partito, anche se incontrando qualche suo impiegato per le stradette di Lucca costoro mi facevano intendere che forse ero atteso.

Me ne stavo sempre in silenzio e da solo. A Lucca nessuno mi voleva. Avevo fama di comunista, un dottore, un laureato che si spaccia per comunista, per i lucchesi una faccenda da disprezzare.

Furono questi i mesi che Turri non comparve, mi domandavo il perché del suo silenzio. Io, da solo, mi distaccai completamente dal Partito.

Vivevo al manicomio di Lucca in quasi completa solitudine, tra me e me quasi ogni giorno rivangando le mie passate credenze, quei sogni, gli ideali che mi avevano dominato. Tante volte rievocavo il Campi che veniva torturato e poi appeso a un ramo nel Bosco delle Castagne.

Vivevo solo, tra i matti, sul fiore della disperazione, ogni speranza infranta.

Quando un dopopranzo – ero seduto in camera mia sulla solita poltroncina – un fruscio alla porta che subito fu aperta e Turri apparve.

Chi me lo consigliò? Chi mi dettò? Forse l'anima del Campi?

Lessi nel suo volto la stessa implacabile disillusione che viveva dentro di me e, prima che pronunciasse sillaba, dissi:

«Vuoi lasciare il Partito?»

«Sì» rispose con voce pallida ma recisa e aggiunse: «Tra noi ci intendiamo anche se non ci si vede... Sì...».

Si mise a narrare. Gli era successo quello che era accaduto a me, giorno dopo giorno, ora dopo ora. E lui aveva dati veramente sicuri, era a contatto con i capi, indovinava ogni loro proposito, ogni loro verità.

Alla fine era stato costretto a dirsi che aveva completamente sbagliato. Il Partito Comunista Italiano mi appariva la negazione di tutto ciò che si era sperato. Il contrario di quegli ideali per cui erano morti tanti giovani compagni.

Il Turri per mesi aveva rievocato dentro se stesso il tempo quando proclamava che assolutamente si doveva essergli fedeli perché era quello il depositario di tutto ciò che essi aspiravano.

Era stato un completo sbaglio, caduti in un dirupo, tutto era franato.

Ma lui, Turri, era mica il traditore dei suoi giovani compagni caduti? Era contro la libertà? Disposto a vendere l'Italia alla Russia?

Turri mi raccontò, mi elencò tutti i perché. Per questo voleva abbandonare il Partito, dare pubblicamente le dimissioni. Era venuto a dirmelo, ero io il primo col quale si confessava.

Fissai il suo volto che era pallido ma anche vi era impressa una ferma volontà. Capii, indovinai che avrebbe attuato, sarebbe stato un grosso avvenimento, l'onorevole e famoso partigiano Aldo Turri diceva di no al Partito, in certo modo lo denunciava. A quel tempo ci voleva coraggio.

Ci mettemmo a preparare il piano d'azione.

«Ci si intende anche abitando lontani!» ripeté, e si sedette, si rilassò.

Era la prima volta che confidava a una persona quel tanto doloroso avvenimento, la prima volta, e aveva scelto me, Alfeo Ottaviani, suo vecchio e fraterno amico.

Non si era confidato con nessuno perché era un politico e da politico se stesso guidava.

Per uscire dal Partito senza essere sporcato, per uscirne pulito, la prima legge era il silenzio. Se i compagni avessero scoperto la sua intenzione il primo provvedimento che avrebbero preso sarebbe stato quello di coprirlo di infamie in modo da sminuire o annullare il suo gesto, far passare il Turri per uomo da poco, prezzolato, falsa la sua fama di valoroso partigiano, puramente decorativa la sua medaglia d'oro.

Per me facile; lui aveva anche da parlare con i morti, i tanti morti.

Soffrì Turri, ebbe dolore per arrivare alle dimissioni. Mi raccontò che ogni giorno un altro dado gli si avvitava, lo stringeva, lo costringeva. Continuava a essere testimone e un'eco gli arrivava che ripeteva no, no.

In superficie era successo anche a me, ma lui il rappresentante, l'esponente, il partigiano leggendario, il gappista, e per di più onorevole, deputato del Partito, in nome del popolo.

In silenzio, sempre in silenzio se no non sarebbe riuscito a dichiarare il suo giudizio, lo sbaglio che c'era stato a riverire, ubbidire a quelli che erano venuti dalla Russia, circa quaranta, invasati di Stalin, con l'ordine di tramutarci in servi, alla catena degli orientali.

I no si ripercotevano nell'anima, nella mente di Turri e i morti per la causa, per quell'ideale, i suoi morti davanti a lui, a guardarlo, ad ascoltarlo, a volte a sorridergli, ancora il Turri a combattere, ora da solo, unico rimasto a continuare il ballo della Settima Gap.

"Turri" gli dicevano i suoi morti "sei sempre tu, tu solo hai il coraggio di dire di no a un partito dove tutti gli iscritti sono ingabbiati, muovono in un solo senso la testa davanti alle parole d'ordine che scendono dall'alto."

Infatti in quegli anni subito dopo la Liberazione ma anche nel 1950 e anni seguenti – nei primi mesi del 1951 quando Turri abbandonò clamorosamente il Partito – correva, circolava nelle cellule, nelle sezioni, nelle federazioni un fanatismo che aveva dell'ottuso, un andare avanti senza prima scrutare la strada.

Contro questa enorme ferrea gabbia doveva Turri muovere all'attacco e per il momento era completamente solo.

Ascoltandolo valutai il pericolo che correva, lui e anche i suoi familiari, moglie e bambini.

Ora dopo tanti anni, tanti mutamenti, è difficile rappresentare quella realtà, rievocare con esattezza la situazione. "Possibile fosse così?" qualcuno leggendo si chiederà.

Le masse, quelle stesse una volta acclamanti il duce magnifico, ora cullavano un confuso marxismo leninismo che nessuno sarebbe stato capace di spiegare con chiarezza, con semplicità.

«Quello che più mi ferisce» continuò Turri «è che in questo mio supposto partito non odo mai un accento veramente italiano, del nostro popolo, non ti so spiegare bene, un riflesso della nostra grandezza nell'arte, nella poesia, in loro tutto è un'eco dalla Russia, sempre a specchiarsi in Stalin e assolutamente mai accennare a tutti i compagni che Stalin ha fatto uccidere, innocenti che erano costretti a confessarsi ignobili traditori.»

Che dolore, che travaglio!

Fu una battaglia dolorosa per Turri troncare col partito comunista. Ci voleva il suo coraggio, la sua determinatezza.

Il primo annuncio, il primo rintocco lo ebbi, come ripeto, quel tardo pomeriggio a Lucca, mentre al solito tra me e me ascoltavo solitudine e malinconia.

Ce ne volle per Turri di sofferenza e coraggio per rompere quella catena.

Sono costretto a ripetere che non si può con esattezza valutare se non si ricorda che in quegli anni c'era nelle file del Partito uno stabile fanatismo, Stalin batteva moneta, il tradimento era l'infamia delle infamie, il militante era bendato, procedevano uno dietro l'altro indistinti, ogni parola che veniva dalla Russia aveva un marchio indelebile, nessuno mai si permettesse discuterla..

Poi, poi, quando arrivò il benessere, fluirono i denari, i generi di voluttà entrarono nelle case operaie, allora cambiò.

Ma si immagini quei tempi – 1950-1951 – quando Turri, da solo, si propose di lasciare il Partito. Quel pomeriggio che venne da me era ancora solo, non aveva ancora parlato all'amico di infanzia Bitossi, che era segretario della federazione comunista di Reggio Emilia ed era amatissimo, adorato da tutti i compagni della sua città e della provincia.

Appunto, mi risovvenni, e d'improvviso domandai:

«Con Bitossi ne hai parlato?»

«Non ancora. Sono quasi sicuro che anche lui ha maturato qualcosa.»

Con Bitossi erano cresciuti insieme, insieme strutturatisi nella convinzione comunista; identica e vivissima la disposizione alla politica. Agli albori erano casti liberali, solo nel liberalesimo scorgevano il fruttifero futuro. Poi sempre più abbracciarono l'idea rivoluzionaria, cambiare, rovesciare, necessario abbattere il denaro, il dominio del capitale; gli operai erano degli sfruttati e si doveva scioglierli dalle catene.

Avevano Turri e Bitossi parlato per ore e ore durante la gioventù, erano tra i più vivi di quel gruppo, di quella piccola setta che si era formata a Reggio Emilia, giovani fidenti uno nell'altro, si arricchivano tra loro di idee, si scambiavano le scoperte piccole o meno piccole che avevano fatto, si prestavano riviste, libri.

Quante sospirate esclamazioni tra quei giovani in rapporto a una possibile prossima lotta!

Io un poco li conobbi e li ammirai. In Toscana mai mi era capitato di avvicinare giovani simili. Probabilmente il beffardo cinismo, l'incredulità toscana non favorisce il fiorire durante una dittatura di queste piccole società segrete.

Poi era venuta la guerra e quasi tutti di questo circolo andarono con il loro popolo alle armi, a fare il soldato, perché era una loro ferma convinzione, un credo, che si doveva star vicino agli umili, agli operai, ai proletari, partecipare in tutto alle loro vicende: se il popolo in guerra, loro stessi in guerra.

Bitossi fu mandato in Jugoslavia e dopo l'otto settembre 1943 fu costretto a rimanervi, per questo non poté partecipare alla Resistenza. Là in Croazia, dov'era, organizzò formazioni partigiane con soldati italiani e infine, tutta l'Italia ormai libera, tornò alla sua Reggio Emilia.

Turri, diventato il leggendario Iacopo, ebbe cura di ricordare alla federazione comunista di Reggio che grande compagno era il Bitossi, che lo accogliessero e onorassero, ma Bitossi non ebbe bisogno di alcun aiuto, si mise a fare i comizi e incantò tutti, rapidamente divenne popolare. Alla fine del comizio dopo i lunghi applausi sempre accadeva che dei compagni gli si stringessero attorno e lo pregassero di parlare ancora.

«Siamo qui, dicci ancora. Ricomincia, ti preghiamo, un altro comizio.»

Bitossi fu ingenuamente adorato come un predicatore al tempo che si frequentavano le chiese.

Appunto avevo prima domandato a Turri se aveva avvertito Bitossi della sua decisione di abbandonare il Partito.

«Sì...» mormorò Turri come a se stesso. «C'è già qualche cosa in lui... come è successo a me. Ho afferrato qualcosa. Tra due o tre giorni lo incontro. Gli ho mandato un biglietto.

«...Stiamo collaborando a un'altra schiavitù» continuò Turri, sempre come parlasse solo a se stesso. «...Dopo aver sopportato il fascismo ora ne ristabiliamo un altro e questo senza le benevoli pagliacciate, questo crudele, privo di scampo... Ciò che succede in Russia, compagni innocenti che sono costretti ad accusarsi, per sopravvivere qualche giorno in più infamare il più caro amico, il più fraterno e puro compagno... stiamo favorendo la maledizione umana.

«Cominciai a scoprire qualcosa subito dopo la Liberazione» continuò Turri. «Da principio stentai a credere. Erano arrivati i quadri dalla Russia, all'incirca quaranta persone. In pratica erano costoro i padroni del Partito.»

Nella Resistenza, durante quei mesi, noi avevamo la testa piena di stelle, si giudicava con la massima indulgenza chi combatteva con noi.

Alcuni di quei quaranta parteciparono sì alla Resistenza ma con una visuale che avevano appreso in Russia, un metodo che ci cominciò a far repulsione appena fu avvertito da chi aveva sufficiente acutezza e un po' di nobiltà, da chi combatteva per l'Italia, innanzitutto per l'Italia.

«Loro, quei circa quaranta dirigenti che provenivano dalla Russia, operavano deliberatamente per consegnare quali schiavi gli italiani ai russi. Tali dirigenti educati in Russia si presentavano come campioni di altruismo e abnegazione ma non erano che impiegati di una nazione straniera, cioè la Russia, alla quale avevano venduto l'anima e il corpo e perciò non erano italiani ma nemici dell'Italia, volendola ridurre serva dei loro stessi padroni.

«Questa è la pietra fondamentale perché esco, fuggo dal partito comunista, questa verità è quella che mi ha armato.

«È stato duro, doloroso, raggiungere questo, inoppugnabilmente constatare in che errore siamo precipitati, la negazione di tutti i nostri ideali giovanili, delle nostre battaglie, della morte del Campi.»

Ascoltavo e guardavo l'amico: era una fiamma, assoluta la decisione, vibrava la volontà, un religioso pronto a qualsiasi prova pur di propagare il suo verbo.

Giulio

Dopo qualche giorno con Turri ci si rivide e a un certo punto mi domandò: «Il Partito, il partito comunista, ti può ricattare, inventare sopra di te qualche affare? Naturalmente per infamare noi».

«Ci ho pensato. Credo solo per via di Giulio.»

«Chi è?»

«Durante la Resistenza» cominciai «un certo giorno arrivò il rappresentante del Partito, era il responsabile della zona. Capitava da noi circa una volta alla settimana. Successe che la prima volta, prima di andare a Viareggio, passò da me, qui al manicomio, e io gli spiegai tutto, lo informai di ogni particolare. Quando andò a Viareggio stupefece gli affiliati, dimostrò di conoscere già ogni qualità e debolezza dell'organizzazione.»

«Ebbene?»

«Ogni settimana continuò nelle visite. Si andava poi a mangiare all'osteria del Monte di Quiesa, dove ero conosciuto. E lui – il suo nome di battaglia era *Berto* – si rilassava, si consolava, sempre più aveva degli abbandoni. Era stato in Russia, aveva abitato nel famoso albergo degli esiliati, albergo Lux, dal quale all'improvviso si spariva.

«Ed ecco, una delle prime volte, all'improvviso, mi strinse una mano e dichiarò: "Tu diventerai un grande compagno! Però adesso dovresti usare per noi le tue qualità e cioè insegnare ai gappisti a chiarirsi la mente, agire con il cervello più lucido".

«Non mi fu difficile capire, dovevo insegnare ai gappisti a uccidere meglio.

«"Il prossimo giovedì te ne mando uno, il primo."

«Infatti arrivò, si presentò al portiere di fondo, lo ricevetti nella mia stanzetta. Mi ero preparato: le parole e le mosse da indicare.

«Avevo una pistola di precisione, ereditata da mio padre. Usai quella come oggetto, come esempio, non per sparare.

«Prima spiegai, dissi all'aspirante gappista che lui uccideva per un ideale, per il bene degli altri uomini, contro le ingiustizie sociali. Per questo doveva nell'azione essere calmo, sereno, se possibile quasi sorridente, innanzitutto i gesti non avessero nulla del torvo, dell'ira, dell'odio, non provocassero in un possibile passante alcun allarme.

«Allora gli porgevo la pistola: "Mettila in tasca, è scarica, fai finta che abbia nel tamburo sei pallottole".

«Si usciva dalla mia stanzetta all'ora che c'era il cambio del turno; un gruppo di infermieri entrava, un altro usciva.

«Approfittavo dei ritardatari, gli ultimi; per il viale le persone ormai scarse.

«Gli stavo al fianco; si scendeva insieme verso il portiere di fondo, lungo il viale.

«"Ecco: quello! Devi immaginarti che sei per uccidere quello lì che scende davanti a noi. Avvicinati alla sua nuca, già hai stretta in mano la pistola. Attento, sii calmo, nessuno deve prevedere. Ricordati che è l'ideale che ti comanda. Abbi una espressione comune, uccidi per il bene dei lavoratori...” e in tal maniera all'incirca continuavo.

«Berto, il rappresentante del Partito, mi mandò questo primo e poi la settimana dopo un altro. Di solito il giorno scelto era il giovedì.

«Se non che io mi ero seccato, questi gappisti prendevano confidenza con me. A un certo punto mi domandavano se ero un compagno, sembrava che fossi al loro servizio. Mi irritava quel tu per tu come fossimo amici dall'infanzia.

«E così, mentre si era alla solita trattoria dissi a Berto:

«“Senti, se me ne mandi un terzo digli che mi dia del *lei*. Questi compagnucci tengano le misure.”

«“Bravo! Bravo!” proruppe il rappresentante del Partito. “Così, così si fa. Te lo avevo detto che saresti diventato un grande compagno. Lo sei diventato. Hai scoperto la vera procedura.”

«Capii, indovinai: dietro quelle esclamazioni c'era la Russia, la gerarchia, l'inflessibilità. I militanti devono vedere i capi come degli Dei, lontani, nel cielo. Nessunissima confidenza.

«Berto mi mandò il terzo. Ecco: *Giulio*.

«Al solito si presentò al portiere di fondo. Quel giorno era D'Angelo. Disse, come era convenuto, che era medico, che io l'aspettavo.

«Il portiere mi telefonò.

«Risposi che lo mandasse su.

«È questo “Giulio”, che quando hai dato con Bitossi le dimissioni dal Partito mi ha impensierito, ci ho fantasticato sopra, un poco, assai. Mi sono impaurito.»

«Perché mai?» domandò Turri.

«Fu nei giorni subito dopo la Liberazione» tentai di spiegare.

«Un giorno il segretario della federazione comunista di Lucca, mentre si commentava l'uccisione di un notissimo uomo politico fascista, precisò: "Ma sì, sì, conosco a perfezione la storia. A ucciderlo è stato Giulio, un caro compagno, pronto a ogni ordine, e subito dopo fu chiamato a Roma, al Centro, al Partito".

«Mi domandai se quel Giulio era quello al quale io avevo insegnato.

«Al segretario federale di Lucca però non dissi niente, me ne stetti zitto. Per di più quella notizia che il gappista Giulio era stato chiamato a Roma, al Centro, non mi era punto piaciuta.»

Turri ascoltava paziente.

«Lascia che anche ti riferisca di una piccola appendice.

«Il portiere del manicomio al quale Giulio si era rivolto, il portiere D'Angelo, subito dopo la Liberazione, con mia sorpresa, io convinto di avere agito con avvedutezza, ogni azione nell'ombra, nel buio, convinto di essere stato un bravo *clandestino*, con mia sorpresa mi confidò, quasi anche lui un affiliato: "Vede, secondo me, solo il terzo era veramente cattivo, gli occhi freddi, capace di ogni delitto. I primi due no".

«Il terzo era Giulio. Il terzo gappista che si era presentato al manicomio.»

«Ma di che temi?» alla fine proruppe il Turri.

«Mi è venuto in mente che questo Giulio, comandato dal suo Partito, dichiari, denunci che io lo spronavo, lo istigavo a uccidere non per l'ideale, per la libertà, ma per i miei volgari interessi, personali vendette, e inoltre il Partito induca Giulio a costringere altri falsi testimoni.»

«Il portiere del manicomio è ancora vivo?» chiese Turri.

«No. D'Angelo è morto.»

«Allora, sono tue fantasie; non hai da temere nulla. E se mai neghi tutto. Tu non hai mai conosciuto nessun Giulio. Piuttosto, Berto, il rappresentante del Partito, dov'è?»

«Ha un cancro. Abita a Forte dei Marmi, l'ho incontrato, ridotto a un uccellino con le ali rattrappite. Non mi è parso capace di risuscitare niente.»

«Allora» sorrise Turri, benevolmente ironico: «Da questa parte nessun pericolo. Caso mai neghi da cima a fondo. Stattene tranquillo».

«Ma se il Partito ordisse...»

«Sono tutti burocrati. Ci vorrebbe uno di grossa fantasia, non ne conosco; anche quelli che vengono dalla Russia, ripetono solo le parole d'ordine, hanno paura a inventare. E poi ci vorrebbe uno che conoscesse a perfezione la tua zona, persone e cose. No, non è possibile. Dormi placidamente.»

«Ah! Bene...» e mi sfuggì un lungo sospiro.

Erano in due soli.
E dissero la loro anima.

In coppia con Bitossi

Si intesero subito, pochi sguardi, due esclamazioni; intorno alle loro teste quello sciame di idee, di aspirazioni come già durante il fascismo.

Anche Bitossi era onorevole, deputato, eletto a furore di popolo, perché incantava nei comizi la gente. E l'avevano anche voluto segretario della federazione comunista di Reggio Emilia, il più amato compagno di quella regione rossa.

Appunto, perché era segretario federale era stato costretto a toccare con mano, a soffrire lo stagno del Partito. Quale diversità dalle fiamme della gioventù! Dove era fuggita la prima legge, quella della libertà?

Le parole d'ordine che giungevano dal Partito di Roma erano aride, obbligatorio dirle e ripeterle, gli iscritti trasformati in macchinette, automi, proibita l'umana fantasia, una persona non si differenzia dall'altra, disprezzato il coraggio di chi confessa se stesso, costui da trattare con inimicizia. In conclusione: odiato il genio dell'uomo.

Tutto proveniva da laggiù, dal vertice, dall'Oriente, l'unica bandiera che davvero sventolava, monotonamente muoveva nell'aria il suo straccio, era quella della servitù, il gran finale era l'anonimato, solo il peso delle corporee necessità, l'anima estirpata.

Anche Bitossi aveva ormai la certezza che era stato un abbaglio.

Servire una tale faccenda era ripudiare tutto il loro passato.

Era consapevole Bitossi che simili a bambini erano quelli che gli battevano a lungo le mani alla fine dei comizi, e la mira del Partito era di lasciarli in quello stato.

Come era successo a Turri tante volte Bitossi si era dolorosamente interrogato; per di più lui era segretario di federazione e ogni giorno arrivavano quelle monotone parole d'ordine, documenti contrari ai moti della sua anima.

Era Bitossi meno passionale dell'amico Turri, di una personalità meno potente, però più di lui abile a una politica giornaliera, a manovre eleganti, a usare una efficace loquela.

Bitossi subito calcolò che erano soli o quasi. Si era nel 1950, chissà quanti anni ci volevano perché in seno al partito comunista fiorisse una linea italiana, indipendente, libera, ci volevano forse venti o anche trenta anni perché un grande partito popolare, veramente figlio della nostra storia, si consolidasse, si imponesse.

Si intesero subito i due amici Turri e Bitossi, dai primi sguardi, dalle prime parole, per tutti i ricordi che insieme possedevano, ed ora questi ricordi li circondavano, li sospingevano, li facevano forti.

Presto passarono a discorsi pratici.

«Dobbiamo dimetterci dal Partito con clamore.»

«Tutti sappiano il perché.»

«I perché.»

«Intanto dobbiamo tenere il segreto.»

«Sono capaci di impedirci, diffamarci, usare ogni fredda astuzia per ostacolare il nostro pronunciamento.»

«Magari ci prevengono con l'espulsione, creano motivi indegni.»

«Spargono su di noi infamie a piene mani e bellamente ci scacciano dal Partito.»

«Usano la stampa, la loro stampa e le cellule.»

«Le cellule. Sì, annidate in ogni paese e paesino.»

«E in ognuna c'è l'istigatore.»

«Potrebbero esserci anche speciali ordini.»

«Che vengono da Roma...»

«In questo caso anche da Mosca. Una inarcata del sopracciglio di Stalin perché tutto avvenga.»

«È allenato, ha una mira infallibile.»

«Ti ritrovi in Siberia.»

«Nel silenzio.»

«Nel nulla.»

«Questa volta, chissà, in una Siberia piena di sole.»

«Quelli che mi hanno osannato nei comizi saranno i più sdegnati.»

«I più accesi.»

«Adesso, la prima cosa tenere il segreto.»

«La prima legge, studiare ogni mossa, e ognuna rapida.»

«Precisa.»

«Abbiamo forse diversi amici.»

«Zitti. La pensano come noi ma non osano sfogarsi.»

«Manca il coraggio.»

«Sincerità con se stessi.»

«Innanzitutto ora dobbiamo saperlo noi due soltanto.»

Turri e Bitossi però con uno vollero confidarsi. Con me. Turri l'aveva già fatto. Anche Bitossi. Desiderarono che, prima del loro annuncio, almeno un essere umano sapesse quel che erano per fare, che una persona del loro tempo conoscesse che erano mossi da sola virtù, da amore per gli altri uomini, per la libertà, che in loro non albergava alcun interesse, nessuna brama di guadagno, soltanto avvertire gli italiani che pericolo c'era nei metodi staliniani.

Decisi dunque di dimettersi dal Partito, Turri e Bitossi agirono con attenzione, con la possibile calma, studiarono intorno a sé chi avrebbe inclinato più o meno apertamente dalla loro parte. Valutarono le reazioni che avrebbero provocato.

Turri rimase calcolatore, benché dentro di sé in fiamme.

Dopo circa un mese io e Turri ci si accordò per incontrarci a Roma.

«Giovedì, in piazza di Spagna, all'imbrunire.»

All'ora stabilita avanzai verso di lui. Mi scorse, mi venne incontro, quasi neppure mi salutò.

«Lo debbo fare, lo debbo fare.»

Valutai ancora una volta il suo coraggio, indomito; e da che passione era agitato, non temeva nessuno. Re dell'ipocrisia quelli del suo Partito, falsi, loro mira la servitù degli uomini, schiavi per lo meno di una ideologia.

Era dimagrito, più pallido del solito, ritornato con un che di giovane, simile a quando era universitario a Bologna. Subito mi comunicò particolari, come in dettaglio intendevano condursi lui e Bitossi per non essere sorpresi, intralciati, imbavagliati, forse anche percossi e uccisi.

La prima mossa, quasi improvvisa, una mattina, la comunicazione al Presidente della Camera, l'annuncio e subito via da Roma, tornare a Reggio Emilia.

Appena le loro dimissioni fossero state rese pubbliche, conclamate dalla stampa, dai titoli dei giornali, i comunisti non avrebbero più potuto usare contro di loro nessuna sorta di violenza.

Non ebbi che da approvare.

«Può darsi che tu ci serva.»

«Dimmi in che modo, lo farò.»

Il caso delle camere comunicanti e l'invincibile automobilina

Eravamo negli ultimi giorni del gennaio 1951, lo scoppio era vicino.

Due onorevoli comunisti che osano andarsene dal Partito, nel 1951, Togliatti dominatore, gli affiliati a testa china, non era una cosuccia.

Turri mi aveva domandato sulla mia compagna, la Giovanna.

«È sicura, non dirà una parola con nessuno» affermai.

Ora avevano anche un segretario, in carica, col taccuino, quel Cicconi su cui già accennai, il benestante di Reggio Emilia, intimamente preso dalla politica, amante di novità, e senza mai paure. Era bravo a ricevere persone e personaggi, fissare sul suo taccuino orari, disporre per appuntamenti, luoghi, e anche scomparire al momento giusto.

Si erano anche precisati tutti i passaggi, la mattina essere ricevuti dal Presidente della Camera, avvertirlo delle dimissioni, esistevano possibilità di incidenti, e però loro non volevano alcuna protezione dalla polizia, nessuna scorta. Sarebbe stato il Presidente della Camera a render noto ai giornali, alla stampa, delle loro dimissioni. Subito dopo montare in treno ed arrivare a Firenze. Quella stessa sera Calamandrei, noto e amato uomo politico fiorentino, avrebbe presentato Turri e Bitossi agli aderenti del suo movimento di socialismo democratico. Turri e Bitossi avrebbero spiegato direttamente il perché di quel loro gesto.

Cicconi aveva avvertito anche me: «Dovresti trovarti a Firenze, può darsi abbiano bisogno di te».

«Ci sarò.»

«Appuntamento la mattina, alle undici, al caffè delle Giubbe Rosse. Lo conosci?»

«Benissimo. Ci sarò.»

Infatti tenni fede alla promessa. E anzi io e la Giovanna fummo a Firenze il giorno prima. Al solito prendemmo alloggio all'albergo Minerva, come tante altre volte.

La sera, mentre stavamo cenando lì a Firenze in una trattoria – Turri e Bitossi erano al colloquio col gruppo politico di Calamandrei – ci arrivò dai tavoli vicini un nervoso cicaleggio:

«Due onorevoli... dimissioni... Ma come? Dal partito...»

La stampa si stava muovendo. Poche ore prima Gronchi, il Presidente della Camera aveva emesso il comunicato. Per la Democrazia Cristiana e i suoi alleati era un ghiotto boccone.

Domandai al cameriere, col quale avevo dimestichezza.

«Aspetti, mi informo.»

Ritornò: «Sì, due onorevoli comunisti, si sono dimessi dal loro partito. Lo ha annunciato ora la radio».

Ce ne ritornammo all'albergo ad ora presta. La mattina dopo avevo l'appuntamento alle Giubbe Rosse, dovevo essere desto.

L'albergo Minerva è in una bellissima piazza di

Firenze. La facciata della chiesa, di Leon Battista Alberti, è insieme una trina e un volo, la potenza dell'architettura e la fantasia che riesce a essere eco del divino.

Ero turbato; stentavo ad avvicinarmi al sonno.

Nella camera accanto ci doveva essere un uomo con una inquietudine simile alla mia. Ogni tanto si raschiava la gola, poi un colpetto di tosse.

Sembrava restasse sveglio per un qualche cosa che gli toglieva la placidità. Poi, al solito, il sonno, furtivo, si insinua.

La mattina dopo mi svegliai; dovevo essere alle undici al caffè delle Giubbe Rosse. Presi per tempo la via.

All'ora precisa arrivò Turri quasi allegro. Mi raccontò come il Presidente della Camera aveva ascoltato il loro annuncio, la loro rivolta, prima con stupore, poi con un misto esatto di contentezza e preoccupazione.

Il viaggio in treno verso la Toscana fu tranquillo, nessuno si interessò di loro. A Firenze Calamandrei li accolse come figli che si sono portati bene, un padre felice. Il suo raggruppamento politico aveva lo stesso indirizzo di Turri e Bitossi.

«Stasera» continuò Turri «abbiamo pensato di mangiare in albergo, in una delle nostre camere. È prudente non esporci prima del tempo, la stampa non ha ancora raggiunto il vero clamore. Quando tutti sapranno, allora la stessa diffusione delle nostre dimissioni sarà lei a proteggerci, sarà più difficile agire su di noi. Certo qualcuno sogna di ucciderci.»

«Allora, stasera cena all'albergo. Ti va? Sei invitato, la Giovanna è con te?»

«Sì.»

«Siamo alloggiati all'albergo Minerva. Ho la camera

numero 22. Avvertirò il portiere che vi facciano salire.»

«Minerva?!»

«Sì, in piazza Santa Maria Novella. La conosci?»

«Sì, sì.»

«Ora debbo andare. Calamandrei ha di nuovo riunito dei giornalisti, non ho molto estro per le loro domande, non so mai se sono enigmatiche, difficili, banali.»

«Ti capisco.»

«A stasera.»

Ci salutammo. Non gli dissi nulla, che non solo eravamo anche noi alloggiati all'albergo Minerva ma addirittura avevamo la camera 20, a contatto con una delle loro. Poi infatti seppi che l'uomo che la sera precedente stentava come me a prendere sonno era proprio Bitossi.

Un po' prima delle otto di sera io e la Giovanna entrammo all'albergo Minerva.

L'atrio – lo capimmo appena entrati – era pieno di poliziotti. Alcuni fingevano di leggere il giornale; altri, deliberatamente, si erano collocati in modo da controllare chi entrava e usciva, vagliare ogni cliente.

Il portiere ci dette la chiave della nostra camera e intanto ci sussurrò che l'onorevole Turri ci attendeva alla camera numero 21 e, così dicendo, ci scrutava interrogativo. Turri gli aveva annunciato che verso le otto sarebbero arrivati il dottor Alfeo Ottaviani con la sua signora e li facesse accomodare su, in una delle loro camere.

Il portiere intanto si era accorto che questo signor Ottaviani non solo era all'albergo dal giorno prima ma aveva la camera proprio accanto a quella dei due onorevoli. Che intesa c'era tra questi Ottaviani e quegli onorevoli che con la loro presenza avevano messo sottosopra tutto l'albergo?

Dietro il portiere si intravedeva la saletta della direzione e appunto notammo che erano stizziti per tutti quei poliziotti che avevano invaso l'albergo e non domandavano alcun permesso per frugare per ogni dove, scesi persino nei sottoscala.

Compito della polizia del governo democristiano era dimostrare che chiunque poteva lasciare il partito comunista, ogni cittadino era libero di abbandonare il partito dei rossi, niente gli sarebbe successo.

Fummo nella nostra camera numero 20.

Udimmo di là dalla parete, dalla 21, un tramestio: dovevano essere i camerieri che preparavano la cena, tinnivano i bicchieri, rumore di piatti, sedie smosse.

Le due camere avevano la porta comunicante.

Avevano scelto per la cena la camera 21 – quella dove la notte prima aveva dormito Bitossi – perché era la più grande.

A tavola, con l'impeccabile segretario Cicconi, saremmo stati in cinque.

Attesi che di là, dalla 21, si attutissero i rumori, ormai tutto pronto; in attesa di noi per cominciare. Mi arrivò il parlottio delle diverse voci amiche, e allora battei alla porta comunicante.

Non era da quella porta che attendevano il nostro ingresso.

Al solito fu Turri, pronto, vigilante. Nel silenzio domandò con voce chiara:

«Chi è?»

Poteva essere anche un loro nemico, introdottosi nella stanza accanto.

Subito risposi: «Alfeo, Ottaviani!».

Turri aprì. Il suo viso domandò come mai da quella parte.

Spiegai che ogni volta che venivamo a Firenze si alloggiava al Minerva, il caso aveva voluto che ci avessero dato le stanze attigue.

Ce la ridemmo come buon augurio, una innocente birichineria del fortuito.

La mensa era imbandita. Gli amici erano calmi. Divertente era vedere all'opera Cicconi; il segretario, quanto si era investito dell'incarico, cosciente del suo ruolo.

Mi raccontò Turri che quasi tutto il dopopranzo erano stati con Calamandrei, il famoso giurista, e quanti giornalisti li avevano interrogati, uno dopo l'altro.

Bello Cicconi, il segretario! Aveva regolato tutte le interviste, diversa la lunghezza secondo l'importanza del giornale e in rapporto alla simpatia che questo o l'altro quotidiano poteva avere per i dimissionari.

La stampa era ormai in effervescenza. Mentre si entrava all'albergo avevamo scorto, in una vicina edicola, "una civetta", quel manifestino che attaccano fuori per indicare le esplosive notizie e c'era scritto, stampato in grandi caratteri: TURRI E BITOSSI.

Turri e Bitossi e, sotto, la notizia dell'abbandono del partito comunista.

Avevano fatto bene a decidere di mangiare dentro l'albergo. In una comune trattoria qualcuno prima o dopo li avrebbe riconosciuti, già circolavano le fotografie, sarebbero cominciate le noie. Quasi certo sarebbero stati riconosciuti, tipico il volto del Bitossi, sognatore, con gli occhiali, l'espressione accorata, rivolta agli umili, quello che era adorato nei comizi.

Una bella serata, durammo fino a tardi, tutti e cinque allegri, la coscienza pulita, il dovere compiuto, succedesse quel che succedesse. Riaffioravano tutti i nostri ricordi.

E misteriosamente il nostro grande amico, Campi, il martire, si sedette tra noi.

Apparve bello, vivente, giovane, e disse: "Ci legano, ci legano tutti!" e questa volta però lui – quanto esperto che la morte è liberatrice – questa volta, dopo le sue parole, ci fu una di quelle sue bellissime risate, fragorose, sghignazzanti.

Davvero, a me e a Turri ci parve di vederlo, udirlo. Ce lo confessammo e continuammo a parlare come il nostro amico fosse presente.

Il rigoroso Cicconi, della combriccola segretario, a un certo punto si alzò, mi fece cenno, aveva il taccuino in mano.

«Senti.»

«Dimmi.»

«Forse domattina abbiamo bisogno di te. Hai la macchina?»

«Sì, piccola, una Topolino.»

«In quattro ci si sta?»

«Un po' stretti.»

«La polizia vorrebbe portare lei stessa Turri e Bitossi a Reggio Emilia. Non possiamo. Nessuno possa dire che Turri e Bitossi si fanno proteggere dalla polizia. Li devi portare tu.»

«Va bene. Spero che l'automobilina resista.»

«Saremo certamente scortati. Eccome! Ma noi non sappiamo niente. Si potrebbe usare il treno, ma pericoloso, sottoposto a orari. Ci devi portare tu.»

«Sì. Quando si parte?»

«Domattina.»

«Allora: a letto!»

«Giusto. Ormai è tardi.»
«Domattina chiamami a tempo.»
«Stai tranquillo.»

La Topolino ci porta a Reggio Emilia

Li accompagnai a Reggio Emilia. Non dovevano mostrarsi sotto la scorta della polizia, ma liberi, soli. Un vecchio amico li accompagnava. La mia vecchia macchinetta era già servita nella Resistenza, andò a prendere a Lucca il rappresentante del Partito e poi essa continuò, continuò.

Ebbene, ancora quel giorno dimostrò valore.

Io al volante, al mio fianco Cicconi. Dietro i due transfughi, per la ristrettezza accucciati.

Partimmo verso le undici del mattino. Era gennaio, ma una bella giornata. Salutai la Giovanna; si era deciso di passare insieme qualche giorno a Lucca. Dovette tornare sola a Roma, dove a quel tempo abitava.

Le automobili della polizia davanti e dietro alla mia Topolino. Temevano qualche attentato, che i comunisti volessero dare una lezione, crudelmente castigare quei due traditori della classe operaia.

Su consiglio di Turri presi strade non proprio comuni, ne imbucammo una anche sbagliata, dovemmo allungare il percorso; non ci fu alcun nervosismo.

In me c'era anche una vena di divertimento, ogni tanto intravedevo un poliziotto pensieroso, il volto contratto. Ce ne volle, ma arrivammo a Reggio Emilia.

Non è facile immaginare come Bitossi in quella città fosse amato, amato e ammirato; persino gli oppositori, i componenti dei partiti contrari annuivano alla sua onestà, al suo calore umano, e innanzitutto valutavano la sua capacità di ammaliare il popolo. Nei comizi non immetteva livore, non pungolava all'odio, alle vendette. Descriveva invece la luce che avrebbe preso il mondo quando l'umano socialismo si sarebbe versato sulla terra, simile a un fiume in piena che però invece di apportare inondazioni, rovine, dalle sponde versava, donava una linfa per la quale sarebbero presto germogliati e cresciuti fiori e frutti.

Come si arrivò a Reggio Emilia – città sempre stata disposta alla virulenza politica – ci fu un acuto brusio, un correre di voci, esclamazioni, ansia di rubare i perché, come Bitossi era arrivato a dimettersi, proprio lui, il segretario federale del Partito.

Che fermento crepitava per la piccola città!

Il nostro impeccabile segretario, il Cicconi mi aveva collocato in una casa di suoi amici; Turri e Bitossi erano stati ansiosamente richiesti di partecipare a una riunione, presenti i simpatizzanti, i contrari, i curiosi.

I miei padroni di casa intanto, e altri che sopraggiunsero, mi tempestavano di domande.

Un professore di filosofia mi fece impressione più degli altri, l'avevo conosciuto anni prima quando Turri mi aveva portato a Reggio. Mi venne incontro nel corridoio della casa e, pallido, addoloratissimo, dipinto di delusione, sospirò e tuttavia sillabò con chiarezza:

«Perché, perché non mi hanno detto niente? Perché non hanno avuto fiducia in me, con tanti anni di amicizia? Oh! Perché? Perché?»

Tentai di spiegargli che in una tale faccenda il segreto era indispensabile, se no chissà quali infamie, quali imbrattature il Partito avrebbe tentato di versare, di buttar sopra a quelle dimissioni.

Ma il professore di filosofia non percepì le mie parole e ripeté:

«Perché, perché non mi hanno detto niente?»

D'un tratto si voltò, uscì da quella casa, certamente per andare in cerca di Turri e Bitossi e ripetere direttamente a loro quella sua angosciosa interrogazione.

Si avvicinava la sera, i padroni di casa mi invitarono a cena. Poi arrivarono dei vicini, mariti e mogli. Le donne erano più combattive degli uomini, pugnaci, quasi a cercare scontri, per niente eccitavano i loro uomini alla moderazione; se mai li aizzavano.

Quanto in Italia una regione differisce dall'altra! Mi sorgeva l'immagine di una Toscana così disposta alla critica, allo scetticismo, cittadini che malvolentieri comunicano i loro sentimenti e spesso ne simulano assai differenti da quelli che covano, retaggio di una storia fitta di diffidenze, calcoli, paure.

La notte ebbi freddo, mi infilai un maglione che mi avevano regalato, una provvidenza; per la prima volta apprezzai quella lana in che era fatto, il cachemire.

La mattina partii per Lucca. Ci fu la sorpresa che l'automobilina, che si era comportata così bene, per ricompensa era stata perquisita in ogni punto, forata con aghi. Chissà cosa mai credevano di trovare! Il vicequestore mentre ero per salire mi mise sotto gli occhi una pistola. L'aveva trovata nella macchinetta:

«In questo caso, bene che lei l'avesse!»

La guardai:

«Non è mia. Credo sia di Turri, dell'onorevole; mi pare di avergliela vista nella camera d'albergo, a Firenze.»

Il vicequestore ebbe un velo di delusione per non essere io il maneggiatore di quel revolver.

Non mi lasciarono partir solo.

«La dobbiamo scortare.»

«Come vuole.»

Una automobile mi venne dietro. Sulla collina pistoiese sapevo di una buona trattoria; feci cenno al mio inseguitore.

Mangiammo insieme, un po' trincammo. Parlammo di tutto fuorché di politica, per poco non diventammo buoni amici.

Mentre si era per rimontare in automobile, io sulla mia, lui in quella di scorta, gli dissi:

«È inutile mi accompagni. Non c'è alcun pericolo, assolutamente. Ha visto? Non ci ha notato nessuno. Chi vuole si interessi di me?»

«Grazie dottore. Mi aspetta la moglie.»

«Arrivederci. Mi ha fatto piacere conoscerla.»

Presi la via. Eccomi davanti alle mura di Lucca. Imbocco lo stradone di Sant'Anna, sono al mio ospedale, che è immobile, tra gli alberi.

Mi soffermai dal portiere; quel giorno era D'Arrigo, uomo di esemplare sereno giudizio, ogni avventatezza a lui sconosciuta.

Domandai: «Qualcosa di nuovo?».

Sapeva della vicenda Turri e Bitossi e della mia compromissione. Rifletté e pacatamente rispose:

«Nulla.»

Rifui nella mia cameretta.

Leggiucchiai il giornale che ogni mattina di solito mi arrivava con la posta, ma ero distratto. Mi risorgevano le ore da poco trascorse, mi ritornava l'aria tesa per le stradette di Reggio Emilia.

Come aveva detto il vicequestore?

«In questo caso è bene che ce l'abbia» voleva alludere alla pistola.

"Sì, ha ragione" mi dissi.

Mi alzai. Una pistola la possedevo, a tamburo, eredità di mio padre.

Era dentro un cassetto della scrivania, chiusa a chiave.

Andai a prenderla. La tirai fuori, carica, sei colpi. Ne avevo anche di ricambio, due sacchetti di cuoio pieni di cartucce.

Aveva ragione il vicequestore di Reggio Emilia. La misi nel comodino da notte, a portata di mano.

Ridondoli a Viareggio

A Lucca, intorno a me quasi silenzio. Nei giornali su Turri e Bitossi quasi un fracasso. I due lassù a Reggio Emilia, avevo saputo, erano come assediati, il Partito non voleva che comunicassero col popolo.

Gli osteggiatori dei comunisti si valevano di quelle dimissioni per spargere nei rossi incertezza, dubbio, tentavano di sfruttare il caso.

Togliatti era in quei giorni a Mosca. Montando in treno per ritornare in Italia, interrogato di quelle dimissioni, pronunciò una frase di brillante astuzia politica. Egli disse:

«Anche un cavallo di razza può avere due pidocchi nella criniera.»

Il cavallo di razza naturalmente era il Partito Comunista.

La frase fu stampata da ogni giornale e servì molto a quei compagni di mente modesta quando si trovavano di fronte ad avversari svelti e saputi.

Io avevo ripreso la mia vita manicomiale; se avevo partecipato all'impresa di Turri era innanzitutto per la fraterna amicizia che mi legava a lui. La ventata politica mi era passata da diversi mesi, ormai mi annoiavo alle ritorte demagogie, ai retorici aggettivi, in uggia ogni comiziante, a testa bassa riconoscevo che gli uomini non si possono cambiare e mi stupivo di avere per un certo periodo brancolato intorno a quella utopia confusamente chiamata marxismo, quella orientale utopia.

Come in passato ogni quattro o cinque giorni mi recavo a Viareggio. Giungevo con la vecchia, valorosa Topolino in via Venti Settembre, grattavo alla persiana dello studio del pittore Marcucci, che mi apriva, già aveva posato i pennelli.

Da anni e anni coltivavamo questa amicizia, ci si intendeva quasi senza parlare, eravamo tutti e due nati a Viareggio, nello stesso anno, le case vicine, sapevamo presso che tutto del nostro paese.

Lui si era dedicato alla pittura, io, più segretamente, allo scrivere.

Naturalmente Marcucci sapeva della vicenda Turri-Bitossi, l'aveva letto sui giornali e ben sapeva quanto ero legato a Turri, che io stesso con la mia automobilina avevo accompagnato a Reggio Emilia i due dimissionari. Già a Marcucci in passato avevo confidato alcune notiziole.

Viareggio aveva nomea di anarchico-comunista e questo affare che avevo coadiuvato alle dimissioni di Turri e Bitossi non era affatto piaciuto. Ero considerato traditore, anche se mai ero stato iscritto al Partito. Era noto che avevo partecipato alla Resistenza e proprio con i viareggini, tutti di estrema sinistra.

Dunque, posati i pennelli, toltasi la casacca, con Marcucci eravamo pronti per uscire.

Di solito, prima di andare a cena in una qualche osteria, si passeggiava per la nostra Viareggio.

Subito, appena usciti, Marcucci toccò il punto vivo.

«Ti comincia a pesare questa faccenda.»

«Sì» confessai.

«Ho partecipato alla vicenda di Turri per il nostro passato, che tanto ci lega, ed anche per l'ammirazione che ho per lui, il solo che ha osato pubblicamente dichiarare che è nemico del partito comunista russo, che non dobbiamo stargli sotto, succubi e servi. Si combatta in Italia per un socialismo ma nostro, libero, nato dalle nostre viscere. Epperò in quanto a me, la politica pratica ormai mi uggia, come avessi un nuvolo di zanzare intorno alla testa, dalla politica mi sento lontano, un sogno che se ne è andato, sparito come tutti i sogni.»

Per esempio Marcucci nei suoi disegni, acquerelli, con le sue tele, cantava la spiaggia di Viareggio, il mare, le pinete, le case dei marinai, casucce tinte di un giallo che va via, un rosa che dà l'estremo addio. Era la poesia. Quella mi consolava, non altro.

Ci eravamo avviati per il viale Margherita, che costeggia il mare, la spiaggia; era un dopopranzo beato, come dovesse durare eterno. La Versilia ha davanti il celeste del mare, alle spalle le immobili montagne.

Si passeggiava lentamente per il viale ed ecco a noi si unirono quattro vecchi amici. Ne cito solo le iniziali per la speranza che abbiano dimenticato: P., M., V., B.

Nel viale rari i cittadini, lontana la stagione dei forestieri; gran spazio tra persona e persona.

Successe davanti al caffè Margherita. Nel viale parallelo c'era un deposito di benzina, con la sua pompa, e il benzinaio. Vicino al benzinaio un'altra persona.

Noi si era fermi, un capannello. Con Marcucci eravamo in sei.

Con passo spedito quello che era un momento prima vicino al benzinaio si partì verso di noi, verso di me. Avevo notato che fino allora aveva confabulato col benzinaio, davanti alla sua pompa e mi indicava, muoveva il braccio con vigore. Capii che era in polemica con me, in ira, per il fatto di Turri e Bitossi, doveva essere un compagno. Ora veniva verso di me, aveva un'aria aggressiva.

Mi scostai un poco dagli amici, lentamente mi avviai verso di lui e attesi.

Non lo conoscevo, mai l'avevo visto durante la Resistenza.

Si avvicinò ancora di più, ma quando era già dappresso e io l'aspettavo, desistette, ebbe come una deviazione interna, avesse smarrito la direzione, la decisione. Si soffermò, indugiò, e poi, dopo essersi voltato, tornò indietro.

Rimasi lì ad attendere quel che ora succedeva.

L'uomo, non più proprio giovane, passata la trentina, rifù vicino al distributore.

Mi parve di notare che ora il benzinaio rideva di lui, come gli dicesse: "Tanti discorsi e poi non sei stato buono a nulla".

Io affatto volevo attizzare, in nessun modo provocare.

Mi voltai di nuovo verso il mio capannello di amici, invitando me stesso a comportarmi come nulla fosse avvenuto. Ma, che vidi?

Non c'erano più. Era rimasto solo Marcucci. Quei quattro andati via, se l'erano squagliata, con più precisione: erano fuggiti.

Ecco l'esempio lampante come in quel tempo – eravamo nel 1951 – ben pochi, nessuno, si volesse impancare, prendere parte, fronteggiare, dire la propria idea. Quei quattro in segreto pencolavano forse per me, ma però non osavano sfidare il disciplinatissimo partito comunista.

Appena avevano capito che in quel frangente, se fossero rimasti, si sarebbero in qualche modo compromessi, erano fuggiti. Avevano rifiutato persino di essere spettatori neutrali, neppure quello, nulla, via.

Nel 1951 moltissimi bramavano l'anonimato, non avere nessuna figura politica.

Quei quattro nostri amici avevano ben compreso il proposito di colui che si avvicinava, di aggredirmi, punirmi per aver collaborato con Turri e Bitossi.

Contemplai con sorpresa la loro sparizione.

Marcucci, lui solo, rimasto lì.

Noi due riprendemmo in silenzio la passeggiata.

«Andiamo all'osteria dell'altra sera?»

«Ma sì!»

Non ci fu alcun commento finché fummo dentro la trattoria. Solo dopo esserci accomodati e ordinato le pietanze, Marcucci prese a raccontare:

«Vicino a casa mia c'è un caffè. L'avrai visto.»

«Sì.»

«Ieri nel pomeriggio entro a prendere una bibita. Appoggiato al banco la sto sorseggiando. Il bar aveva quasi tutti i tavolini occupati. E a un tratto noto che uno si era levato in piedi e indicava questo, quest'altro, e quello. Lo conoscevo, mi avevano detto che era un capocellula, e uno di quelli accesi, un compagno rigoroso. Appunto mirando col dito era come dicesse: tu, tu, voi due, avanti, alla svelta.

«Gli indicati subito si alzano e lo seguono in una stanza che c'è dietro a quella d'ingresso, dove stavo sorseggiando la mia consumazione.

«Era una improvvisa riunione di cellula, già altre volte mi era capitato di assistere a queste perentorie riunioni. I frequentatori del bar devono essere quasi tutti comunisti, e del resto so che anche il padrone è un iscritto.

«Io me ne esco e ritorno allo studio, aspettavo un fiorentino, infatti già lo scorgo davanti alla mia persiana, in attesa. Ogni tanto arriva per vedere miei quadri e qualche volta ne compra.

«Dopo avergli mostrato le mie ultime cose, mi vien fatto di dirgli: "Le offrirei un goccio ma in casa non ho nulla. Potremmo andare al bar qui vicino".

«Entriamo nel bar. La riunione di cellula è finita, stanno uscendo dalla seconda saletta. Mi accorgo di ricevere delle occhiatacce, non so per quale ragione.

«È poi il proprietario, che conosco da tanti anni, che mi si avvicina e mi spiega. Quella riunione di cellula era su Turri e Bitossi, contro di loro e perfino su di me. Infatti il padrone del bar mi aggiunge: "Quel tuo amico, il dottor Ottaviani, ha preso soldi dagli jugoslavi, è un venduto, un traditore, e tu dovresti smetterla di frequentarlo, non è mai stato un tipo chiaro".»

Marcucci ascolta il barista e sorride pazientemente; valuta come il capocellula ha versato in quei cervelli la precisa dose di veleno che gli era stata comandata.

Lo ripeto, eravamo nel 1951, precisamente nei primi di febbraio del 1951, ancora tutto rimuginante, guerre, comunismo, vendette, il capitalismo sinonimo di spie tato nemico dei poveri, degli operai, del popolo, oscuri fanatismi facili a metter radici, l'ignoranza politica è sovrana, come nella recente dittatura gusto all'ubbidienza, si ripetono le stesse frasi, la cellula domina e minaccia, nessuna critica, diffusa la paura del partito comunista, si esegue, non si discute, si ripete ciecamente. Stalin è grande e invincibile, implacabile monumento che guida il proletariato di tutto il mondo.

E dunque Marcucci mi raccontò che ero in odio al

popolo, un traditore, un venduto, avevo preso soldi dagli jugoslavi, lavoravo per gli sfruttatori.

Eravamo in una osteria che si frequentava dai tempi del fascismo.

Presto ci mettemmo a parlare soltanto di poeti e di pittori.

Turri sotto assedio

Turri dopo due giorni da Reggio Emilia tornò alla sua casa, a Bologna, in via Cà Selvatica, in quell'appartamento che mi aveva ospitato.

Una strada corta, senza portici, nell'angolo c'era un'osteria: il banco delle mescite, nudi i tavoli, frequentata da popolani; numerose volte ne avevo visto uscire uomini già attempati, paonazzi in volto.

Turri mi telefonò, arrivai il giorno dopo, montai su per le scale. Mi ero già accorto dell'assedio.

Alle due punte, ai due capi della breve strada, c'erano capannelli di compagni che sorvegliavano l'abitazione di Turri. Ai nemici doveva mancare l'aria.

Trovai Turri, e anche la moglie, in tensione, pallidi. Non era una bella vita. Loro stessi – ed anche i loro amici – non potevano uscire dalla porta che venivano messi vagamente in berlina, insulti a fior di labbro, occhiate di odio, ghigni di disprezzo, venivano avvicinati, sfiorati. I compagni agivano come avessero avuto l'ordine di non superare un certo limite.

Quel nido di ribellione, di tradimento che viveva in via Cà Selvatica non doveva ingrandirsi e invece essere soffocato. Peccato non potesse essere spento con la violenza.

I ragazzi di Turri, uno di quattordici e l'altro di

undici anni invece erano allegri, non si erano mai così divertiti ad aprire e chiudere la porta a inaspettate persone, di solito col volto preoccupato, accigliate, insomma ad accogliere gli affiliati del movimento Turri e Bitossi, che si era presto formato.

In verità Turri e Bitossi non erano del tutto soli, anche se i tempi non erano maturi. E poi a Bologna c'era la fama di Turri che ancora aleggiava, il suo valore, la sua onestà. E chi aveva combattuto con Turri eccome se ricordava la sua capacità di comandante che indovina le mosse nemiche, limpido nell'organizzare, il primo nell'attacco. Costoro non si lasciavano certo gabellare dalle disposizioni degli impiegati della federazione comunista, dalle loro bieche parole d'ordine contro Turri, abitante in via Cà Selvatica, al numero due.

L'assedio durava tutte le ventiquattro ore, i compagni si davano il cambio, erano come agenti in borghese, eseguivano con impegno, arcigni, attentissimi. Volevano documentarsi chi era in contatto con Turri, chi osava andarlo a trovare, sembrava quasi che desiderassero valutare quale era il grado di saluto che a Turri era rivolto.

Quando Irene, la moglie, andava a fare la spesa la seguivano e uno di loro entrava nel negozio dal quale lei era uscita e cominciava a parlare, ad alludere, essa contro chi lavora, come il marito, traditori, da non fidarsene. Velatamente minacciavano il negoziante che secondo il carattere si ribellava o no.

Anche i vicini di casa si uggiavano di tutto quel controllo e cominciarono a mirare con noia i coniugi Turri.

Porterò un esempio personale. Ogni volta che capitavo a Bologna mai mancavo di andar a far visita al mio vecchio amico Giuseppe Raimondi, scrittore, ma anche stufaio: aveva il negozio in piazza Santo Stefano.

Anche quella volta entrai nella sua bottega, lo salutai festosamente, lo conoscevo da quando ero studente all'università.

Naturalmente mi raccontò del brusio, del clamore, dei tanti e diversi commenti sulle dimissioni dal Partito del famoso Iacopo, di Aldo Turri.

Quando ero per ritornarmene a Lucca entrai di nuovo nel suo amato negozietto, per l'ultimo saluto.

Subito mi avvertì: «Da quando sei venuto la prima volta ho sempre due figuri davanti alla porta a scrutare chi entra e chi esce, e si danno il cambio... anzi» continuò il vecchio amico, il volto pensieroso «...anzi potrebbero ucciderti, sì...»

La logica politica era che uccidere Turri fosse troppo clamoroso, di danno per il partito comunista, ma una lezioncina al suo fedele amico Ottaviani era una faccenduola che si poteva attuare.

Non miravano alla politica.
Dissero la loro anima.

Impossibile da eroi, da sognatori, trasformarsi in tribuni, in politicanti

Questo assedio spicciolo, giornaliero, sotto casa non era una mossa geniale del partito comunista, era soltanto sorto da sé, perché in ogni strato della vita pubblica italiana riposava uno stagno, non esisteva vigore, ribellione, voglia di nuovo, di cambiare, essere uomini.

In tutte le pieghe sociali del nostro paese barcollava un dormiveglia; quell'assedio che i comunisti locali eseguirono intorno a Turri e Bitossi era l'unica possibilità tra le loro mani.

Turri e Bitossi volevano soltanto proporre un socialismo italiano, indipendente da quello orientale e volevano indicare, sottolineare che Stalin e i suoi uomini erano determinati a spengere, annullare quella misteriosa e poco definibile umanità che vive dentro gli italiani, una sorta di genio e di semplicità, un popolo che mai smarrisce quella che genericamente si può chiamare bontà, cioè la consapevolezza che siamo tutti poveri uomini anche se a volte qualche artista ci illude di essere parenti degli Dei.

Questa circostanza di aver reso le case di Bitossi e Turri come trincee circondate, impossibile squarciare quel cerchio, ora dopo ora, giorno dopo giorno, insinuò dentro gli animi dei due amici l'idea che davvero erano soli, l'Italia non aveva voglia di ascoltare la loro voce, in nessun modo compromettersi.

Fu questa monotona e triste realtà a frenare Turri e Bitossi di ogni scatto, di ogni grido.

È vero, non avrebbero dovuto indugiare, perdere giorni.

Invece montare in treno, arrivare a Roma, entrare nella Camera dei Deputati, alzarsi in piedi, restarci, battere sul banco i pugni, chiedere la parola. Subito denunciare quei quaranta che venivano dalla Russia e in realtà dominavano, secondo gli ordini di Stalin, la politica italiana, citare i nomi, narrare le loro vicende, urlare, scagliarsi, annunciare un socialismo italiano, semplice, geniale, che tutti i cittadini intendessero.

E anche, essendosi nella Camera dei Deputati alzatisi a parlare, avrebbero dovuto dichiarare la profonda verità: quanto avevano sofferto, quanta forza avevano adoperato per abbandonare il Partito. Per quel partito comunista avevano strenuamente lottato e tanti loro amici erano morti, tanti loro compagni, per restare fedeli, avevano subìto dai tedeschi e dai fascisti le più feroci torture, come era successo al nostro amico Campi.

Perché non lo fecero?

Fu per mancanza di coraggio?

No, almeno Turri ne aveva dimostrato a iosa, e anche Bitossi poteva rivaleggiare.

Ci volevano in questo caso dei tribuni. Essere soltanto tribuni, unico talento, ma a volte provvidenziale.

Tribuni non erano. Almeno Turri veniva dalla dedizione, per mesi e mesi aveva allevato dei compagni.

Avevano troppo onesta fantasia, immaginavano che la loro proposta di un socialismo italiano si sarebbe, in quel clima, trasformata in una frase quasi banale. E i soliti capi comunisti avrebbero facilmente ribattuto: il socialismo italiano siamo noi a costruirlo, a propugnarlo. Voi invece traditori.

Bitossi, che incantava nei comizi le folle, aveva perso la favella?

Dunque, cosa successe? Dopo tanto loro segreto travaglio, ora neppure tentare di raccogliere un frutto? Proprio privi di ogni estro politico, di ogni sfrontatezza, di ogni arroganza, incapaci di manifestare sdegno, odio, proibito maledire quei quaranta che provenivano dall'albergo Lux e quanti compagni avevano mandato sulla forca? nei geli della Siberia?

La verità che i tempi non erano maturi, una triste realtà ogni giorno di più li soffocava.

Si dovevano aspettare venti e trenta anni ancora, come difatto avvenne.

E un'altra verità è: molto difficile passare da un periodo eroico ad un altro nel quale domina la dialettica, le frasi manovrate, il continuo raggirare gli ascoltatori con pensieri che già dormono nelle loro teste.

È molto difficile che un eroe possa tranquillamente tramutarsi in furiere.

Ogni periodo ha il suo colore che è molto arduo mutare. Forse Napoleone, se non gli fossero scesi sul capo tanti avvenimenti, non avrebbe parlato ai suoi soldati davanti alle Piramidi.

Va bene, successe così. Non avevano le qualità in quel momento necessarie, ma io continuai a essere loro amico, naturalmente con Turri; Bitossi si era soltanto affiancato.

Gli amici eravamo noi tre, gli amici veri, fraterni. Eravamo io, Turri e il Campi; per noi Campi non morto, in mezzo a noi, a ripetere le sue paure che ora volavano arcane, vaticini, lui uno dei greci che dalle viscere o da chissà che indovinava il futuro.

Bitossi si era affiancato a Turri; io poco lo conoscevo, lo avevo solo acquistato.

Infatti Bitossi presto si dileguò, andò ad abitare lontano, del tutto abbandonò Reggio Emilia, credo si ritirasse in un paesino meridionale dove la moglie aveva qualche proprietà e poi, anni e anni passati, arrivò la notizia che tacitamente si era di nuovo iscritto al Partito, accolto di nuovo dai vecchi compagni che gli avevano dato un incarico in non so qual genere di cooperative.

Ma io e Turri sempre uguali. Tra noi non era cambiato nulla; e col Campi. Noi tre.

Devo ripetere che in quegli anni – 1950-1951 – chi aveva partecipato alla Resistenza era legato indissolubilmente con gli altri fratelli che davvero ci avevano partecipato. Non è facile descrivere quali sodi legami si erano formati, e per tantissimi, ripeto, Resistenza era anche libertà dai bisogni sociali, allontanare la miseria. E quanti erano morti per quella idea, comunismo voleva dire una grande somma di sentimenti, di pensieri. Staccarsi dal Partito era come ufficialmente dire no agli ideali che avevano per molto tempo reso rosso il cuore.

I dirigenti comunisti, quelli veri, abituati ai grigiori, ai lunghi silenzi del Cremlino, spontaneamente adottarono la pratica a cui erano abituati, dettero ordine alle cellule di gettare infamia su Turri e Bitossi e loro ufficialmente ignorarono quei due, in specie Turri, medaglia d'oro, poco tempo prima da gran parte di Bologna adorato.

Il seme gettato da Turri e Bitossi trovò un terreno sterile. Mai più che uno, anche uno solo, in una cellula si levasse in piedi e chiedesse se per caso quei due una qualche ragione l'avessero per abbandonare il Partito.

Quei pochi, sparsi per l'Italia, che spontaneamente seguirono Turri e Bitossi erano anime gentili, in qualche caso perfino romantiche.

I politici quando intorno hanno il vuoto non possono fare politica, il tribuno se non ha una folla è inutile che eietti burrascose parole.

Poi Turri mi raccontò più distintamente di quei primi giorni quando rientrarono alla Camera dei Deputati, mi narrò episodi, simili molto uno all'altro. Per esempio entrava in ascensore insieme a un ben noto capo del Partito, insieme salgono. L'esponente non pronuncia una parola, non conosce Turri, non sa niente di lui.

Anche nell'Aula Parlamentare le reazioni quasi nulle, qualche sguardo di traverso, fuggitivo, difficile distinguere se soltanto curioso o di disprezzo, di segreta ammirazione. Certamente c'è da immaginare che qualcuno dei compagni deputati, sia pure nel profondo sottoscala del suo cervello, aveva almeno una volta per qualche attimo sognato di agire come Turri e Bitossi, almeno una volta gridare che quei metodi monotonamente usati dentro il Partito erano di livida fattura staliniana, per niente in armonia con la nostra verde e assolata patria.

Zitti zitti, piano piano

Mi è facile, mi ci corre la penna, ci ricasco a ripetere fatti e fatterelli, situazioni su i miei due amici, Turri e Campi, su noi tre, mi dilungo sulle fiammelle che ci illusero, ci mantennero giovani.

Invece certe cose di noi stessi non mi va di spiegarle, soffermarmici, render più chiaro. Che ci devo fare? Certe quistioni mi cascano sotto il tavolo, la penna si secca.

Io sono qui a conversare forse per l'ultima volta con i miei due amici, Turri e Campi, non scrivo un libro, un romanzo, una storia, soltanto li richiamo vicino a me, morti o non morti. Solo questo.

Per esempio il periodo dopo le dimissioni, dopo il primo clamore, mi è quasi scomparso.

Io però seguii al solito Turri, intatta tra noi l'amicizia, uguali le reciproche visite; non si parlava quasi più di politica, ecco tutto.

Notai di nuovo la sua capacità di dedicarsi solo al lavoro. Ne aveva perso di tempo per essersi buttato nella lotta politica, nella guerra civile, non fu facile a Turri riprendere il tempo che aveva perso per la sua Medicina Legale, ma lui si mise indefessamente a riafferrare gli studi, di nuovo si immerse nella ricerca scientifica.

Assistetti alla sua nuova battaglia. Turri innalzò un muro contro il suo passato, rifù quasi soltanto medico e il suo indefesso studiare ogni giorno di più lo fece riemergere. Il dovere degli eroi è quello di morire e Turri cominciò a vivere come una qualsiasi persona, distantissima, irriconoscibile dalla prima.

Lavorava sorridendo, non gli costava fatica, come quando era partigiano in montagna o quando comandava la Settima Gap: il primo a montare in carrozza, l'ultimo a scendere.

Epperò quando mi capitava di interrogarlo sui problemi politici di quei giorni, italiani e stranieri, rispondeva come un tempo, come un capo, illuminato, calcolatore. Le sue previsioni poi si avveravano. E anche preciso e sereno continuava ad essere il suo giudizio sugli uomini, da qualsiasi parte militassero.

Era ancora attento quasi dirigesse un vero partito e non ormai dedito alla sola Medicina Legale, alle perizie e controperizie.

Di questa sua qualità, di impeccabile giudizio, affatto però si lusingava. Ormai il suo accento era di un cittadino qualsiasi, un cittadino che per educazione risponde, pronuncia il suo parere, e nulla più.

Adesso doveva essere soltanto un medico, nel suo ruolo di medico legale. Il passato un ricordo a volte piacevole, a volte tragico, ma sempre un qualcosa di favola che si racconta al bambino che ognuno ha dentro di sé.

Rimasi stupefatto una volta; già passati alcuni anni dalle dimissioni dal Partito. Mi capitò di parlare con un importante giudice del tribunale di Bologna, il quale si serviva regolarmente di Turri per le perizie psichiatriche, e ne aveva una grossa stima.

Tastai un po' il terreno se sapeva del passato partigiano di Turri.

Nulla, assolutamente nulla. Disse soltanto: «È un serio professionista».

Mi domandai delle volte se Turri aveva sofferto di questa calata nell'anonimo, ma credo assai poco. Lui era il riflesso della realtà, di quella adatta a lui, avversaria o alleata, ma a lui confacente. Se non c'era la condizione, la situazione non buona per lui, non si infiammava.

Era un profondo politico, se non c'erano i numeri da addizionare, sottrarre, moltiplicare, se non c'era il terreno adatto per la sua azione, non scendeva in campo. Allora giusto riprendere la strada o la straduccia della Medicina Legale.

Per di più nella sua carriera di medico legale c'era un inciampo: ogni volta che c'era un concorso per la cattedra, per montare in cattedra e insegnare, i suoi rivali risollevavano il suo passato di violento partigiano, che era un dato sfavorevole per un dignitoso professore di università italiana.

Continuarono gli anni. La moglie sempre vicina, delicata. I figli crescevano sull'esempio del padre, laboriosi. In casa vigente la severità.

Ci si continuò a vedere, ma non col fedele ritmo precedente, la incombente vecchiaia rallentava i viaggi, diminuiva i nostri amati dialoghi. Il telefono ci contentava assai poco.

Sapevo che era dedito al lavoro in modo straordinario, ricercato da tutti per ogni quistione medico-legale, così ingolfato che veramente le azioni del passato, quando appena balenavano, assomigliavano a mostri della mitologia greca e si affrettavano a sparire.

La bellezza di essere stati eroi, e poi la virtù di essere umili perché le condizioni non ci sono più. Questo fu Turri.

Ultima scena

Era morto, di cuore, all'ospedale di Bologna. Fui avvertito.

Con la Giovanna fui alla Certosa, il cimitero di Bologna, per la funzione religiosa. Arrivammo di buon tempo.

Turri, dentro la bara, non era ancora arrivato. C'era un drappello di soldati in attesa, per gli onori militari, Turri medaglia d'oro.

Cominciarono ad arrivare persone su per giù vecchie come me.

Entrammo in chiesa, che si riempì. Montammo su uno stallo, dei sedili lungo il fianco della chiesa.

Di lì sopra si vedeva agevolmente tutto.

Squillarono le trombe, per l'arrivo della bara. La voce energica di un ufficiale ordinò il presentatàrm.

Tutti i presenti avevano un aspetto grave, assorti. Era di certo un caso, una mia suggestione, ma quasi tutti mi parvero di fisico asciutto; anche le donne severe.

Certuni prima si erano accostati a me e mi avevano salutato mormorando il loro nome.

Avevo fatto finta di riconoscerli.

La funzione si svolse in silenzio.

Avrebbe bonariamente sorriso Turri quando il giovane carabiniere, fino allora impalato a fianco della sua bara, svenne, cascò giù, sul pavimento.

Il suo maresciallo, che era nell'altra navata l'aveva capito e corse per sostenere il suo soldato ma non fece in tempo; troppo lo avevano tenuto impalato, pesanti i panni, fasciato alla gola.

Giravo ogni tanto lo sguardo su i presenti: sì, il viso grave, di chi ripensa.

Erano stati con Turri, combattuto con lui. Non erano di certo lì per alcuna convenienza. Il comune, il municipio, aveva mandato il labaro ma il sindaco non c'era, Turri ancora alla gogna, il comune di Bologna aveva una amministrazione completamente comunista.

Parlò il sacerdote, una voce franca. Precisò che Turri per affermare la libertà aveva messo a rischio sé e i suoi familiari, i suoi bambini. Sottolineò che Turri dai poveri che venivano da lui per infortuni, per quistioni medico-legali, non si faceva pagare. Il frate, un domenicano, parlava di Turri come un fratello della Chiesa.

Il frate fu ascoltato con profondo silenzio.

Parlò anche, genericamente, il rappresentante dell'Associazione Medaglie d'Oro.

Ci rifurono le trombe, l'attenti, il presentare le armi. Il carabiniere che prima era svenuto se ne stava in un angolino, mogio, avvilito.

Turri, dentro la bara, si allontanò. Allora, uno che non avevo per l'avanti notato, seduto su una carrozzina, un mutilato, maneggiando in furia le sue ruotine, lo raggiunse, batté la mano sulla bara, tentò anche di abbracciarla e gridava piangendo: «Iacopo, te ne vai... Iacopo, Iacopo...».

La cerimonia era finita. Ora lo stavano portando in una minuscola stanzettina che Turri si era comprato, vi aveva già messo i suoi genitori, che prima erano seppelliti nel cimitero di Reggio Emilia.

Era una giornata calda, il sole premeva su ogni sasso. Di nuovo mi salutò qualcuno; prima si avvicinavano titubanti e poi c'erano delle parole su Turri; tutti col volto severo. Una Italia non solita.

Abbracciammo l'Irene, la moglie. Era rimasta sola dopo essere stata per tanti anni a fianco di Turri.

Salutammo anche i figli.

Girottolammo un poco per la Certosa, così amata dai bolognesi; la parola "Certosa" torna spesso nei loro discorsi. Nel cimitero c'era calma.

Non c'era che da rimontare in automobile e avviarci.

Anche Turri se n'era andato; il Campi quella volta. Eravamo tre amici. Ero rimasto solo. Mi domandai se ci saremmo rivisti.

Indice